HISTÓRIA E CIDADES
SUJEITOS, PRÁTICAS E MEMÓRIAS

Editora Appris Ltda.
1.ª Edição - Copyright© 2023 dos autores
Direitos de Edição Reservados à Editora Appris Ltda.

Nenhuma parte desta obra poderá ser utilizada indevidamente, sem estar de acordo com a Lei nº
9.610/98. Se incorreções forem encontradas, serão de exclusiva responsabilidade de seus organi-
zadores. Foi realizado o Depósito Legal na Fundação Biblioteca Nacional, de acordo com as Leis nᵒˢ
10.994, de 14/12/2004, e 12.192, de 14/01/2010.

Catalogação na Fonte
Elaborado por: Josefina A. S. Guedes
Bibliotecária CRB 9/870

H673h	História e cidades : sujeitos, práticas e memórias / Maria Izilda Santos
2023	de Matos, Yvone Dias Avelino (orgs.). – 1 ed. – Curitiba : Appris, 2023.
	165 p. ; 23 cm.
	Inclui referências.
	ISBN 978-65-250-5298-4
	1. História. 2. Cidades. 3. Cultura. I. Matos, Maria Izilda Santos. II. Avelino, Yvone Dias. III. Título.
	CDD – 307.76

Livro de acordo com a normalização técnica da ABNT

Appris editora

Editora e Livraria Appris Ltda.
Av. Manoel Ribas, 2265 – Mercês
Curitiba/PR – CEP: 80810-002
Tel. (41) 3156 - 4731
www.editoraappris.com.br

Printed in Brazil
Impresso no Brasil

Maria Izilda Santos de Matos
Yvone Dias Avelino

(Org.)

HISTÓRIA E CIDADES

SUJEITOS, PRÁTICAS E MEMÓRIAS

FICHA TÉCNICA

EDITORIAL	Augusto Coelho
	Sara C. de Andrade Coelho
COMITÊ EDITORIAL	Marli Caetano
	Andréa Barbosa Gouveia (UFPR)
	Jacques de Lima Ferreira (UP)
	Marilda Aparecida Behrens (PUCPR)
	Ana El Achkar (UNIVERSO/RJ)
	Conrado Moreira Mendes (PUC-MG)
	Eliete Correia dos Santos (UEPB)
	Fabiano Santos (UERJ/IESP)
	Francinete Fernandes de Sousa (UEPB)
	Francisco Carlos Duarte (PUCPR)
	Francisco de Assis (Fiam-Faam, SP, Brasil)
	Juliana Reichert Assunção Tonelli (UEL)
	Maria Aparecida Barbosa (USP)
	Maria Helena Zamora (PUC-Rio)
	Maria Margarida de Andrade (Umack)
	Roque Ismael da Costa Güllich (UFFS)
	Toni Reis (UFPR)
	Valdomiro de Oliveira (UFPR)
	Valério Brusamolin (IFPR)
SUPERVISOR DA PRODUÇÃO	Renata Cristina Lopes Miccelli
ASSESSORIA EDITORIAL	Nicolas da Silva Alves
REVISÃO	Ana Lúcia Wehr
PRODUÇÃO EDITORIAL	Sabrina Costa
DIAGRAMAÇÃO	Luciano Popadiuk
CAPA	Eneo Lage

AGRADECIMENTOS

Agradecimento especial à Capes, que, por meio da Portaria n.º 155, de 10 de agosto de 2022 – Programa de Desenvolvimento da Pós-Graduação (PDPG) Emergencial de Consolidação Estratégica dos Programas de Pós-Graduação stricto sensu acadêmicos –, contribuiu de forma decisiva para a publicação deste livro.

Agradecemos ao empenho do coordenador do Programa de Estudos Pós-Graduados em História da Pontifícia Universidade Católica de São Paulo, o Professor Doutor Luiz Antonio Dias.

Agradecemos a excelente colaboração dos pesquisadores que, conosco, em abordagens distintas, apresentam suas ideias, cujas fontes expressam o cuidado e o envolvimento intelectual de cada um dos autores com os objetos analisados.

SUMÁRIO

INTRODUÇÃO 9

CAPÍTULO 1
A HISTÓRIA NATURAL E A DIVULGAÇÃO PEDAGÓGICA DAS
CLASSIFICAÇÕES DA QUINA NO FINAL DO XVIII, COMO PARTE DE
UM PROGRAMA ILUSTRADO DE PRODUÇÃO DE CONHECIMENTO
BOTÂNICO NA AMÉRICA ESPANHOLA 11
Fernando Torres Londoño & Sharley Cunha

CAPÍTULO 2
O SACRILÉGIO NO BISPADO DE SÃO PAULO NA SEGUNDA
METADE DO SÉCULO XVIII 33
Alberto Luiz Schneider & Walter Mesquita Barroso

CAPÍTULO 3
QUINTAIS PAULISTANOS: ESPAÇOS DE MEMÓRIA ENTRE
NATUREZA E URBANIDADE 59
Amilcar Torrão Filho & Bianca Melzi Lucchesi

CAPÍTULO 4
A CIDADE COMO ARTEFATO CULTURAL: PRÁTICAS E
REPRESENTAÇÕES DO ESPAÇO NO ENTORNO DO THEATRO
MUNICIPAL DE SÃO PAULO 87
Yvone Dias Avelino & Bruno Miranda Braga

CAPÍTULO 5
RAUL SEIXAS: A MOSCA NA SOPA DA DITADURA MILITAR:
TRAJETÓRIA, CENSURA, TORTURA E EXÍLIO 113
Maria Izilda Santos de Matos & Paulo dos Santos

CAPÍTULO 6
MEMÓRIAS EM CORPOS NEGROS: PERFORMANCES EM EPISTEME SOB "LÓGICA ORAL"... 141
Maria Antonieta Antonacci & Nirlene Nepomuceno

SOBRE OS AUTORES.. 161

INTRODUÇÃO

Com alegria, disponibilizamos a obra *História e Cidades: sujeitos, práticas e memórias*, que se trata de um **esforço** coletivo produzido por integrantes do Programa de Estudos Pós-Graduados em História da Pontifícia Universidade Católica de São Paulo.

A concepção deste livro é particularmente original. Cada um dos artigos aqui presentes é fruto de uma parceria entre orientadores e orientandos ou ex-orientandos. O objetivo desta união é favorecer o diálogo entre pesquisadores que se encontram em diferentes momentos de suas carreiras, em uma dinâmica altamente enriquecedora para todos os participantes e, temos certeza, para o público leitor.

O primeiro capítulo do livro, de autoria do Professor Fernando Torres Londoño e Sharley Cunha, coloca-nos frente à América Espanhola do século XVIII. O artigo monstra que a história natural, como um campo de saber definido por um método fundamentado na observação, na experiência e na produção de nomenclaturas, encontrou em produtos nativos, como a quina, a oportunidade de produzir, a partir do continente, descobertas, classificações, procedimentos de manipulação e mercadorias, destinadas a contribuir para a glória da Espanha bourbônica.

Na sequência, o Professor Alberto Luiz Schneider e Walter Mesquita Barroso lançam luz sobre os crimes de efusão de sangue, cometidos no Bispado de São Paulo, na segunda metade do século XVIII. Por meio deles, o leitor terá oportunidade de conhecer um pouco mais da vida colonial brasileira da segunda metade do século XVIII e sua religiosidade.

O leitor poderá passear pelos quintais das casas paulistanas do final do século XIX e começo do XX, no terceiro capítulo escrito pelo Professor Amilcar Torrão Filho e por Bianca Melzi Lucchesi. A importância da sociabilidade desenvolvida nesses espaços e os contrastes com o modelo urbanístico atual, caracterizado pela esterilização da convivência, são expostos neste precioso artigo.

A Professora Yvone Dias Avelino e Bruno Miranda Braga trazem um olhar original para o emblemático Theatro Municipal de São Paulo. O quarto capítulo começa com o projeto, a construção e os primeiros anos desse marco da arquitetura paulistana. Depois, um salto no tempo leva-nos a conhecer novos personagens e novos significados conferidos a esse palco da cultura de São Paulo.

No quinto capítulo, produzido pela Professora Maria Izilda Santos de Matos e por Paulo dos Santos, encontraremos com a criatividade e a genialidade do cantor e compositor baiano Raul Seixas durante o conturbado período da ditadura civil-militar brasileira.

Por fim, no sexto capítulo, o leitor está sendo convidado a mergulhar nos múltiplos e ricos recursos de comunicação e expressão do corpo para as culturas africanas da diáspora. A Professora Maria Antonieta Antonacci e Nirlene Nepomuceno nos mostram como o movimento corporal transcende e potencializa a relação entre os sujeitos.

Esperamos que esta obra seja uma contribuição historiográfica e que sua leitura possa despertar a mesma alegria e satisfação que cada um dos pesquisadores envolvidos nessa obra experienciou ao escrevê-la.

São Paulo, maio de 2023.

Yvone Dias Avelino
Maria Izilda Santos de Matos

Capítulo 1

A HISTÓRIA NATURAL E A DIVULGAÇÃO PEDAGÓGICA DAS CLASSIFICAÇÕES DA QUINA NO FINAL DO XVIII, COMO PARTE DE UM PROGRAMA ILUSTRADO DE PRODUÇÃO DE CONHECIMENTO BOTÂNICO NA AMÉRICA ESPANHOLA

Fernando Torres Londoño
Sharley Cunha

Apresentação

No final de 2020, em meio ao alastramento da pandemia provocada pelo vírus SARS-COV2, um artigo científico dava conta de uma pesquisa realizada pela universidade de Loja no Equador (PUCHA *et al.*, 2020). O texto registrava o aumento de consumo, por parte da população local, da casca da arvore *Cinchona Officinalis*, da qual provém a quina e os compostos Hidroxicloroquina y Azitromicina, acreditando-se ser eficiente forma de combater os casos de Covid-19. Como sabemos no Brasil, não foi só no Equador que políticos e pessoas de autoridade, familiares, amigos, redes sociais recomendaram a administração de Hidroxicloroquina para fazer frente à epidemia. Gerou-se, assim, mais um capítulo no longo percurso de atribuição de significados que têm distinguido a planta dos trópicos andinos como capaz de produzir curas milagrosas e tratamentos extraordinários para responder a febres e sintomas de diversas doenças.

Este artigo, servindo-se da publicação *Mercurio Peruano*, editado em Lima de 1791-1795[1], por um grupo de jovens entusiasmados com os progressos da História Natural na sua pátria, localiza a divulgação e difusão dos

---

[1] Os 12 tomos do periódico encontram-se digitalizados no portal da Biblioteca Virtual Miguel de Cervantes, com a versão fac-similar publicada em 1964 pela Biblioteca Nacional del Perú (BNP). Em nossas pesquisas, temos utilizado a versão digitalizada dos tomos originais de 1791 a 1795, disponibilizada no site archive.org

registros realizados por um programa científico em andamento na segunda metade do século XVIII, de classificações de planta feitas por homens de ciência no Peru e na Nueva Granada. Tal programa visava desde ao que era entendido como "método científico" da História Natural, afirmado, durante o século XVIII, dar conta de espécies que, pelas suas propriedades, tinham se mostrado eficientes no tratamento de doenças, com destaque para a quina. Esse programa, realizado como parte das Expedições Botânicas impulsadas pelos reis da dinastia Bourbon e seus vice-reis ilustrados, tinha por objetivo a localização das espécies, a observação no seu habitat e o registro das condições de reprodução, a coleta de exemplares destinados a jardins botânicos, a constituição de herbários, a elaboração de desenhos detalhados de raízes, troncos, folhas, flores e frutos (CÓRDOVA AGUILAR, 1993). Ele compreendia também a realização de experimentos em diversas condições, o registro e a análise de resultados, que serviriam para postular as classificações da quina, que aumentariam os conhecimentos sobre as propriedades dos diversos espécimes da planta e suas formas de administração e o uso para tratamento de diversas doenças. Além de proporcionar critérios para a exploração adequada da planta e sua distribuição no mercado europeu, tal programa colocava os estudiosos e sábios espanhóis em destaque na produção da História Natural no contexto europeu. Por sua vez, divulgando experimentos, resultados e classificações entre os ilustrados leitores do periódico, os editores do *Mercúrio Peruano* esperavam difundir as contribuições nativas entre os contemporâneos que se interessavam pela ciência e as transformações dos novos tempos, reforçando, assim, identidades e sentimentos patrióticos.

Este artigo apresenta essas "narrativas de ciência nos trópicos" no final do século XVIII em relação às propriedades e classificações da quina no contexto de uma demanda internacional em cima de uma extração que era vista como importante contribuição para a medicina.

O *Mercurio Peruano*, um projeto de difusão do conhecimento

Em meados de 1780, alguns jovens peruanos e espanhóis interessados pelo saber, pelas ciências e por toda a transformação que ocorria na Europa no campo do conhecimento, conhecida como *Ilustração*, fundariam, na década seguinte, a Sociedad Académica de Amantes del País, em Lima.

---

pela Biblioteca John Carter Brown. A versão digitalizada pode ser encontrada em: https://archive.org/search. php?query=creator%3A%22Sociedad+Acad%C3%A9mica+de+Amantes+de+Lima

HISTÓRIA E CIDADES

A evolução desse grupo e a simpatia do vice-rei levaram à criação da primeira *sociedad de amigos del país* a centrar seus esforços num periódico. Em 1791, D. Guasque, Rossi y Rubí, Hipólito Unanue e J. M. Egaña fundam, então, o *Mercurio Peruano*, que circulou até 1795.[2] Esses jovens acreditavam que:

> [...] *el espíritu del siglo es propenso a la ilustración, a la humanidad y la filosofia. La América, que desde muchos tiempos se hallaba poseída de esas mismas ideas, se ha unido insensiblemente en adoptar un medio muy oportuno para transmitirlas; este es el de los Periódicos* (M.P. I, 1791, f. 308).

O mercúrio Peruano foi publicado bissemanalmente em Lima, de 1791 a 1795. Reunidos seus 416 números, há 12 volumes, que trazem 586 artigos e somam 3.568 páginas. A variedade dos artigos impressiona. Pedro Guibovich Pérez, refletindo sobre a Ilustração e os anseios do grupo reunido em torno do *Mercurio Peruano*, configurou um horizonte das matérias que interessavam aos mercuristas e que estes consignaram num plano apresentado em 13 de fevereiro de 1793: História Antiga, História Civil Moderna, Geografia, História Eclesiástica, Literatura Peruana, Política, Educação Moral, Economia Pública, Agricultura, Comércio, Física, Química, Mineralogia, Botânica, Anatomia, Medicina Prática, História Natural, Belas Letras, Poesia, Notícias Públicas. Tal plano foi publicado em *Mercurio Peruano*, No. 331, 6 de marzo de 1794, ff. 151-158, y No. 332, 9 de marzo de 1794, ff. 159-160" (GUIBOVICH PÉREZ, 2005, p. 54).

Esse programa não ficou apenas no desenho. Jean-Pierre Clément, que produziu a obra-referência para o estudo do *Mercurio Peruano*, contabilizou que a matéria Conhecimento do País (geografia e história) contou com 84% dos artigos; Ciência (medicina, história natural, física e química), 25,51%; Economia (comércio, mineração, economia política, finanças e técnica), 14,53%; Informações Práticas (meteorologia, impostos), 10,85%; Belas Artes, Letras e Atualidade Política, 15,27%. O *Mercurio Peruano* como espaço de difusão de um amplo leque de conhecimentos expressou, assim, a influência promovida pela ilustração espanhola sobre a elite intelectual da

---

[2] Seguindo os modelos europeus, aparecem, em diversas regiões, o título de "mercurio". Exemplos: *Mercurio de México* (1739-1742); e *Mercurio Volante*, de José Ignacio Bartolache (1772), destinadas a *"llevar [...] noticias a todas las partes, como un mensajero que anda a la ligera"* (BARTOLACHE, 1772 apud POUPENEY HART, 2010, p. 13). Justifica-se o nome nos mesmos termos, conforme um dos textos do *Mercurio Peruano*: "[...] *siendo Mercurio el Mensajero de los Dioses, y nuestro Papel el que habia de llevar las noticias por el Universo, pareció convenirle este nombre*" (M.P. XI, 1794, f. 260).

Espanha e América, que, com o advento dos Bourbons, trouxe um intenso fluxo de ideias e transformações.[3]

Na contagem de Clément, vemos que *conocimiento del país* teve maior presença. Para este artigo, interessam as "ciências", rubrica na qual se incluíam a história natural, a medicina, a botânica ou a química, disciplinas a partir das quais o *Mercurio Peruano* abordou a quina, que nos permite entender o tipo de história natural praticado pelo jornal.

A difusão da história natural e o método que "trouxe a luz" para o mundo vegetal

As diversas ideias contidas no *Mercurio Peruano* estiveram em diálogo com a mudança do entendimento sobre a produção de conhecimento no decorrer do século XVIII. Uma das grandes áreas do saber radicalmente afetadas pelas mudanças foi a do conhecimento do chamado mundo natural. Essa concepção aparece no periódico quando os mercuristas exaltam as diversas regiões com sua variedade de climas e plantas propriamente peruanas – como a coca, quina, tabaco – e sua possibilidade de exploração econômica como alternativa à mineração, que tinha marcado o Peru dos séculos XVI e XVII. Esse interesse pelo mundo natural também está presente no periódico nas muitas descrições das províncias do vice-reinado e nos relatos dos missionários que estavam em avanço sobre a selva; neles, os redatores do periódico detalham os recursos botânicos, zoológicos e geológicos do território. Alguns desses recursos botânicos, como veremos daqui a pouco, mereceram artigos específicos. Transparece no periódico, ainda, um esforço por trazer produções científicas que dão conta de assuntos dos debates da ciência botânica do momento como o das classificações.

Na segunda metade do século XVIII, tanto na Europa quanto na América, ocorreu um entusiasmo pela botânica e pela história natural. Lineu publicava suas nomenclaturas botânicas em 1735, ampliada para os três reinos da natureza em 1758, passando essas a ser referência para classificar plantas em todos os continentes. Produziu-se também uma "erupção em cadeia" de jardins botânicos, que passaram a ser os lugares de referência para o estudo de cultura de plantas – muitas delas, desconhecidas. Diversos jardins botânicos foram, então, inaugurados; Clément comenta que, ape-

---

[3] *"La nueva dinastía comprensiblemente favoreció la renovación material, social y cultural de la nación española mediante la importación de libros y el establecimiento de nuevas instituciones, tales como las academias y las sociedades económicas"* (GUIBOVICH PÉREZ, 2005, p. 48).

nas na França, foram 72. A Coroa Espanhola seguiu o ritmo, comprando o gabinete de história natural de Pedro Franco Dávila, instalado em Paris, fazendo uma exposição ao público em 1776. Em 1781, é aberto o novo jardim botânico em Madri. Na América, eles são fundados no México (1788), em Manila (1792), e são abertos um gabinete de história natural na Guatemala (1788) e um observatório astronômico em Bogotá (1792). Em Lima, sob observação de Francisco González Laguna e Juan Tafalla, ambos assinantes do *Mercurio Peruano*, é instalado, em 1791, o *Jardín Botánico* na capital do vice-reino (CLÉMENT, 1997).

Ainda, durante o século XVIII, a América do Sul recebeu a Expedição Geodésica sob coordenação francesa, da qual participou La Condamine, e a expedição ao Pacífico Sul. Elas se desdobraram em outros projetos patrocinados pelos vice-reis com o apoio de Madri, no intuito de demarcar territórios e *"investigar los posibles usos medicinales y comerciales de la vegetación tropical"* (NIETO OLARTE, 2003, p. 418). Para o Peru, e em particular para os jovens mercuristas, foi de grande impacto a expedição de Hipólito Ruiz, José Antonio Pavón e Joseph Dombey, que teve como uma de suas grandes produções a redação da *Flora Peruana*, que se desdobrou no estabelecimento de um jardim botânico em Lima.

Esses empreendimentos científicos que devassaram o império espanhol na América do Sul, de Nueva Granada ao Chile, foram resultado de fatores políticos, como a delimitação de fronteiras e o controle da expansão de outras potências imperiais; e de fatores econômicos, como o aumento do comércio, a contenção do contrabando, a exploração de novos recursos naturais demográficos e o desenvolvimento da cartografia (PUIG-SAMPER, 2011). Influenciados pela Ilustração francesa, os espanhóis perceberam que a base para o sucesso econômico do Império era a exploração mais eficiente das riquezas naturais de suas colônias. Para isso, era preciso adquirir conhecimentos científicos específicos, com os olhos voltados para a apropriação por meio do "conhecer cognitivamente a natureza",[4] e aplicar isso às colônias. A esses conhecimentos científicos, era possível ascender por meio do que se formulava com a expressão ampla de história natural, que, na metade do XVIII, ganhou uma nova compreensão.

---

[4] A formulação de "cognição da natureza" segue a linha da pesquisadora Flávia Preto de Godoy Oliveira (2014). Para ela, desde o primeiro século da colonização, "a experiência foi um dos meios pelo quais se produziu um saber sobre o mundo natural americano, no entanto, outros saberes foram fundamentais para cognição da natureza das Índias Ocidentais. A ênfase na busca pela empiria ou por traços que conectem as obras e ações ibéricas à Revolução Científica pode conduzir o pesquisador a desconsiderar outros aspectos que eram pertinentes no processo de apreensão da natureza americana" (OLIVEIRA, 2014, p. 232).

Buscamos, nas reflexões de Michel Foucault, uma compreensão das mudanças pelas quais passou a história natural na segunda metade do século XVIII e os novos significados que ganhou esse âmbito do conhecimento. Segundo Foucault, a nova compreensão sobre história natural colocou-a como um espaço aberto na representação, por uma análise que se antecipa às possibilidades de nomear e de ver o que se tem e que também passa a poder ser descrito (FOUCAULT, 2016). No fim da Idade Clássica, arquivos e bibliotecas, organizados a partir de catálogos, repertórios e inventários, representaram "uma forma de introduzir na linguagem já depositada e nos vestígios por ela deixados uma ordem que é do mesmo tipo da que se estabelece entre os seres vivos" (FOUCAULT, 2016, p. 162). Foucault, propõe que a história natural, na segunda metade do século XVIII, deve ser pensada a partir da categorização taxonômica e da prática discursiva. O saber sobre a natureza teria passado a buscar por experiências, observações e leis que poderiam organizar o domínio mais complexo, mais vizinho dos seres vivos. Assim, a partir de Lineu, toda a natureza podia entrar nos registros taxonômicos (FOUCAULT, 2016).

No vice-reino do Peru, o entusiasmo entre os jovens estudiosos em relação à ciência que vinha de Europa e o desejo de difundi-la, trazendo sua "luz", foram consignados de forma categórica em 1791, ao registrar-se, no *Mercurio*, que "*nació Linneo y brilló entonces la claridad del día en todo el vasto y admirable Imperio de los vegetales*" (M.P. II, 1791, f. 81). Tal interesse com as novidades da ciência levou também o *Mercurio* a publicar, em 1793, nas suas páginas, a nomenclatura química apresentada anos atrás por Lavoisier na França (M.P. IX, 1793, f. 218-232, 234-241, 243-264). O encantamento com os métodos de conhecimento que renovavam a história natural encontrou um seguidor em Hipólito Unanue, médico e um dos fundadores e maiores animadores do *Mercurio Peruano*. Em 1791, Unanue publica, no *Mercurio*, "*Introducción a la descripción científica de las Plantas del Perú*". O projeto era inventariar, progressivamente, as plantas que estavam sendo localizadas e classificadas desde a expedição de Ruiz e Pavón – registro botânico que mantinha sua continuidade com as coletas e classificações de Juan Tafaya, botânico do qual o *Mercurio* destacou sua definição de botânica. Para ele, a botânica seria aquela "*parte de la Historia Natural, que enseña a distinguir por señales claras y características unas plantas de otras, da a cada una el nombre que le corresponde, y la graba en la memoria*" (M.P. II, 1791, f. 69). Definição enxuta, que dava conta do entendimento daquele campo depois de Lineu, a partir da aplicação de características que podiam estabelecer classificações e distinções.

Segundo Unanue, os estudiosos que tinham se ocupado de estudar as plantas do Peru antes de difusão da obra de Lineu careceram de rigor científico, porque não tinham um *"método para ordenar sus colecciones se véian reducidas a hacerlas cortas para no formar un caos"* (MP. II, 1791, f. 72). Para Unanue, com o conhecimento do método do exame do aparelho reprodutivo das plantas, seria possível *"recorrer con un ojo especulativo y exacto"* e conhecer *as numerosas espécies tanto da parte povoada do Peru quanto das montanhas dos Andes, onde se escondia "aquel rico tesoro de la Naturaleza"* (MP. II, 1791, f. 72). Unanue esperava que os trabalhos iniciados por Pavón e Ruiz e continuados por Tafaya e outros impulsionariam o aprofundamento no conhecimento da botânica do vice-reino, que, por sua vez, devia estabelecer *"un giro perpetuo entre las montañas, Lima, y el Jardín de Madrid"* (M.P. II, 1791, f. 74-75). For-mulava, assim, o estabelecimento de uma rede de comunicação científica da "montanha" com Madri, via Lima – quer dizer, por meio da intelectualidade limenha que o *Mercurio Peruano* representava.

Na opinião de Clément, os mercuristas privilegiavam a botânica porque ela oferecia à agricultura *"fuertes posibilidades de desarrollo, como lo exponen en una serie de textos destinados a fomentar el cultivo del tabaco, de la coca, de los cedros etc"* (CLÉMENT, 1997, p. 129). Assim, Unanue acreditava que *"la agricultura podrá mejorarse con las luces que vamos a esparcir sobre ella, y salir del miserable abandono en que se halla"* (M.P. II, 1791, f. 83). Esse diálogo entre botânica, classificação e agricultura materializou-se na presença de extensos artigos e diversas menções à quina, ao tabaco e à coca, revelando o caráter de aplicação prática da história natural e da botânica, que deveria traduzir conhecimento em produção, comércio e enriquecimento do vice--reino. Sobre a quina, deter-nos-emos na parte central deste nosso texto.

Em termos de potencialidades pedagógicas em relação à história natural, para o *Mercurio Peruano*, configuravam-se três tipos de práticas e abordagens nas quais era exercido o ato de educar seu público leitor. A pri-meira seria a de introduzir, apresentar e divulgar. Seu objetivo era chamar a atenção, alertar, destacar e fazer propaganda, difundindo de forma ampla. Em termos de pedagogia da história natural, o *Mercurio Peruano* assinalava, nesses artigos de "divulgação", um pouco além do óbvio, pulava explicações técnicas e partia para exaltações, aplicações e indicações das possibilidades de riqueza da matéria tratada. Esses artigos podiam ser realizados pelos polivalentes redatores do periódico, que encaravam "qualquer tema" e o tornavam mais palatável ao leitor.[5]

O segundo tipo de prática pedagógica era mais profundo, mais técnico, mais descritivo – e materializava-se em artigos centrados na descrição de métodos, de operações de análises e, finalmente, de resultados. Como veremos a seguir com a quina, era, em termos práticos, a edição de um protocolo de manipulação marcado pelo registro de passos e atividades a serem realizadas. Nesse tipo de prática – e as matérias sobre a quina são exemplares –, o interesse fundamental era *dar a conhecer o conhecimento*, mesmo que muitos não entendessem. Digamos que se educava trazendo o objeto com todas suas particularidades, por se acreditar que, ao publicar um texto científico, já se participava, de alguma forma, da produção do conhecimento – caso, por exemplo, da já mencionada nomenclatura química de Lavoisier. Esse tipo de matéria era de autoria de especialistas em textos de que, em grande parte, o *Mercurio Peruano* se apropriava, fossem de outro âmbito de produção, fossem os que já tinham circulado por algum outro meio.

Como veremos também daqui a pouco, o terceiro tipo de prática pedagógica que o *Mercurio Peruano* exercia, ao publicar textos "científicos" que remetiam a autores de referência, era o de participar de debates ou controvérsias em assuntos relevantes do conhecimento científico. Um deles seria o das classificações das espécies de plantas nativas, por parte dos botânicos e científicos que as realizavam. Ao trazer esses textos, o periódico entregava para seus leitores as "descobertas" mais recentes, algumas delas ainda controversas, o que fazia com que, pedagogicamente, os leitores sentissem que, graças à produção e divulgação da história natural, Lima e os homens de ciência locais ligavam-se à produção do conhecimento realizada em Madri, Paris e nas demais academias europeias.

As classificações da quina: distinguir e conhecer para utilizar melhor

A admiração que os mercuristas expressavam pela história natural pode ser revelada tanto na sua retórica quanto nas suas práticas, nas diversas formas de presença da quina entre os artigos do periódico. A quina,

---

[5] Sobre a síntese do pesquisador, Salinas Fortes, ao se referir aos iluministas europeus, instiga-nos a ver o papel que pretendiam esses intelectuais ilustrados: "O sonho destes intelectuais 'engajados' é intervir nos acontecimentos e desenvolver uma intensa atividade pedagógica e civilizatória. 'Servi-vos de vosso espírito – diz por exemplo [sic] Voltaire em carta a Helvetius – para esclarecer o gênero humano'. Graças à atuação destes verdadeiros propagandistas e agitadores da nova fé amplia-se o círculo de pessoas que leem, constitui-se um público cultivado e se organiza o espaço de uma verdadeira 'opinião pública'" (FORTES, 1999, p. 27 *apud* SANTANA, 2018, p. 70).

nesse final do século XVIII, era a base de fármacos que, graças ao avanço da botânica e da química na segunda metade do século XVIII, passavam a ser enxergados como uma promessa curativa a ser aproveitada pela medicina. A quina também abria possibilidades discursivas para que médicos e botânicos se pronunciassem frente ao avanço dos projetos de classificação de plantas e para o debate que os favoráveis à quina ou seus detratores travavam em artigos e textos, apresentados a associações e academias de ciência. Essa notoriedade da quina alcançou o *Mercurio Peruano*, que não se furtou a contribuir, trazendo posições para o debate e publicando os resultados dos estudos em curso. Dessa maneira, o periódico participava de uma circularidade discursiva configurada pela botânica, medicina e química do momento e de uma expectativa econômica que poderia trazer a comercialização das espécies de quina na Europa.

A "casca", que, no século XVII, era chamada *cascarilla* e, desde tempos pré-hispânicos, era utilizada em diversas formas de tratamento para febres pelos habitantes nativos, tinha se difundido entre as boticas espanholas no século XVII (HUAMÁN; ALBÁN; CHILQUILLO, 2019). Era atribuída ao pó da cortiça da *cascarilla*, em 1631, a cura da condessa de Chinchón, de onde supostamente viria o nome que a popularizou e que depois se difundiu, para a corruptela de *chinchona*.[6] O cronista Calancha a menciona na sua *Crónica*, de 1633. Em 1632, Alonso Messía Venegas, padre jesuíta, a leva a Roma, e outros padres a utilizam nas suas boticas. O cientista e viajante-filósofo De La Condamine a conheceu em Loja, em 1737; além disso, colheu algumas amostras e informou-se com o dono do lugar onde eram encontradas as plantas e suas variedades conhecidas: *anaranjada, amarilla y roja*. Com essa informação, La Condamine, em 1738, apresentaria um informe sobre ela ante a Academia de Medicina da França. Por sua vez, Carlos Lineu ia tê-la classificado em 1739 como *Cinchona officinalis*, incluindo-a na sua *Genera Plantarum*, de 1742, e depois na sua *Species Plantarum*, de 1753. O *Dicionário de Matéria Médica,* impresso em Paris, em 1773, incluiu, entre seus verbetes, um sobre a quinquina (RUIZ, 1792).

O âmbito das expedições botânicas ao Peru e a Nueva Granada, nos anos 1770 e 1780, e suas derivações, nos anos 1790, representaram um

---

[6] O médico mexicano Francisco Medina Rodríguez, numa *"carta al director"* de uma revista médica, esclarece, com erudição, o que seria a lenda da cura da condessa de Chinchón, apontando para diferentes caminhos da difusão da *cascarilla* na Europa desde o século XVII e inclinando-se a explicar que a difusão se deveria a uma visita do procurador da província jesuítica do Peru, padre Alonso Messía Venegas, em 1632, e que cronistas coloniais contemporâneos, como o agostiniano Calancha e o jesuíta Polo de Emengardo também a mencionavam (MEDINA RODRÍGUEZ, 2007, p. 196).

projeto de conhecer, de forma sistemática, climas, regiões e flora de América do Sul – até então, descritas de forma incompleta, ou nos moldes das histórias naturais do século XVI.

Chefiadas por botânicos e improvisando equipes de pintores e coletores nos lugares em que atuavam as expedições, elas recolhiam inúmeros espécimes de plantas, as desenhavam do natural, registravam os lugares e meios onde tinham sido localizadas e outras espécies associadas.[7] Montavam-se coleções, e boa parte delas era enviada ao Jardim Botânico de Madri. Para se ter uma ideia do que era enviado, Hipólito Ruiz listou a remessa de produtos naturais que tinha sido mandada à Espanha e que foi perdida no naufrágio do navio San Pedro de Alcántara nas costas de Portugal, em fevereiro de 1786: "*36 macetas de plantas vivas, y 54 cajones con 800 dibujos, esqueletos de plantas, semillas, resinas, bálsamos, minerales, piedras, conchas, aves, peces, y animales disecados y muchas curiosidades antiguas de los indios gentiles*" (RUIZ, 1792, s/p).

A carga botânica e zoológica do navio perdido apontava para o conhecimento que dele se derivaria e para sua futura transformação em mercadorias que fariam a glória da Espanha bourbônica. Havia plantas vivas e sementes do trópico para fazer processos de adaptação ao clima de estações, esqueletos e desenhos para aperfeiçoar as classificações existentes e para dar a conhecer outras e apontar para suas características e possibilidades de uso. Assim, a metrópole, por meio de seus aparelhos de conhecimento do mundo natural, tinha, então, as condições de tirar outras riquezas da América, que não o ouro e a prata, extraídos nos séculos anteriores.

Desde os anos 1770, a Expedição Botânica a Nueva Granada, dirigida por José Celestino Mutis, um discípulo de Lineu nas terras americanas, acatando as instruções reais de atender a todo o que tivesse a ver com a "quina e a canela", tinha localizado e identificado exemplares de quina. Em 1778, Mutis enviou, para a Real Sociedade de Medicina de Paris, relatório sobre as espécies encontradas e o incluiu nas suas *Memórias* de 1779 (RUIZ, 1792). Por sua vez, nos anos 1780, Pavón e Hipólito Ruiz, no Peru, seguiram os rastros das *cascarillas*. Além das que se encontravam em Loja, na presidência de Quito, localizadas perto da cidade de Huánuco, constataram a existência de outras espécies que deveriam ser confirmadas e descritas, o que ampliava a geografia da quina além de Loja (atual Equador, onde

---

[7] A Expedição Botânica (1783) a Nueva Granada foi chefiada por José Celestino Mutis. No final do século, destacar-se-ia nela a figura de Francisco José de Caldas.

tinham sido conhecidas por La Condamine) e da Nueva Granada. (RUIZ, 1792). Embora, nos livros e na correspondência, cada grupo de estudiosos reconhecesse os trabalhos dos outros e os citasse, pode ser percebido um clima de concorrência de quem responderia melhor à solicitação real de melhorar o ramo da quina e, ao mesmo tempo, contribuir com as classificações que circulavam nos meios de estudiosos da Europa e com os debates dos médicos sobre as propriedades curativas da planta.

Nessa concorrência, há dois panos de fundo. Primeiramente, na Espanha, diversas cortiças estavam sendo comercializadas nas boticas como quina, e médicos e pacientes se queixavam de que a *chinchona* não era tudo aquilo que se dizia dela. Esse pano de fundo está evidenciado na "Carta apologética de la quina o cascarilla", do doutor Pedro Nolasco Crespo, publicado no número 261 do M.P., de 7 de julho de 1793 – e que foi concluída no número seguinte. Nela, o médico respondia àqueles que, na Espanha, estavam a falar mal da *cascarilla*, pois ela não teria as virtudes que tinham sido "tão propaladas". Nolasco Crespo explicava que essa descrença se devia ao fato de que, nas boticas do reino, o que se vendia como *chinchona* estaria, em muitos casos, longe de ser *cascarilla*. Explicava isso na dificuldade de distinguir as árvores e no espírito ganancioso de comerciantes, que enviavam para a Espanha cortiças das quais não se tinha certeza de que eram *cascarilla*. Também explicava que existiam diversos tipos de plantas de *cascarilla*, cada qual com propriedades diferentes e que, além disso, se exigia uma medida certa. Seu texto era, de fato, uma "apologia", que, sem se aprofundar, defendia as virtudes curativas da quina e responsabilizava comerciantes "deshonestos" e a ignorância a respeito as espécies de *cascarilla* pela falta de confiança nos tratamentos de diversas doenças.

O segundo pano de fundo era que Lineu havia classificado a *Cinchona officinalis* em cima do desenho divulgado por La Condamine, de uns "esqueletos" das plantas que pegou em Loja, além das informações que o francês verificou com seus informantes. Tudo isso, visto à luz das coleções colhidas em diversas partes da Nueva Granada e do Peru pelas Expedições Botânicas dos anos 1770, 1780 e 1790 e remitidas ao Jardim Botânico de Madri, aparecia como vácuos a serem preenchidos e equívocos a serem apontados.

As inconsistências em torno da classificação de *Cinchona officinalis* criaram a necessidade de conferir com a autoridade da botânica uma identificação clara da planta nos climas e lugares onde era localizada. Também, sua comercialização e presença nas boticas exigia o estabelecimento de diferenças e propriedades que foram além da distinção que tinha divulgado La Condamine dos nomes dados pelos camponeses: *anaranjada, amarilla y roja,* pois não eram todas as quinas que serviam para o tratamento das mesmas doenças.[8] Finalmente, a partir do registro atento de experiências, deveriam ser estabelecidas as receitas para suas diversas formas de presenças nas farmácias do reino.

Dessa forma, abriu-se para os botânicos das Américas um espaço de coleta e descrição das diversas variedades e propriedades de cada quina, ao mesmo tempo que boticários e médicos esperavam padronização das manipulações farmacológicas e o estabelecimento da administração médica de cada uma. A quina e suas propaladas virtudes curativas para muitos males abria uma oportunidade para o exercício das novas práticas e aplicações da história natural que se renovava no século XVIII e que encontrava nos climas tropicais e subtropicais dos Andes um vasto laboratório.

A partir desse entusiasmo, em 1792, Hipólito Ruiz López reuniu, num "librito", segundo suas palavras, o resultado de suas coletas de *cascarilla* e observações durante seus 11 anos de estadia no Peru, chefiando a Expedição Botânica enviada pelo rei. O livro teve por título *Quinología o tratado del árbol de la quina o cascarilla con su descripción y de otras especies de quinos nuevamente descubiertas en el Perú.* O tratado fazia gala de erudição botânica em respeito à quina e trazia também as contribuições de outros autores ao conhecimento botânico, químico e de administração médica da quina – entre eles, José Celestino Mutis. Ruiz López resumiu e transcreveu parte de uma *Instrucción* manuscrita e inédita, na qual Mutis tratava das virtudes das espécies das quinas *amarilla, roja, anaranjada y blanca* e que confirmava o tratado.[9]

No final da introdução, Ruiz López mencionou também a obra recém-publicada de Luís Tomas de Salazar, *Tratado del Uso de la Quina*, publicado em Madri, em 1791, e que, por estar já escrito seu texto, como explica na introdução, não teria conseguido incluir no estudo (RUIZ, 1792). Denota, assim, o autor um esmero por mostrar a atualização da produção dos estu-

---

[8] Das espécies que hoje se conhecem de quina (23 para alguns, 40 para outros), sabemos que, por ser parecida na sua morfologia, a Cinchona officinalis foi confundida com a *C. capuli*, a *C. lancifolia* e a *C. macrocalyx* (HUAMÁN; ALBÁN; CHILQUILLO, 2019).

[9] Os conhecimentos desenvolvidos por José Celestino Mutis (1732-1808) em relação à quina foram reunidos no seu livro *O Arcano de la Quina*, no qual se encontra parte do que tinha pesquisado e divulgado em diversos textos. O livro foi publicado apenas em 1828, quando passava já a tempestade da Independência da América, que, entre muitas calamidades, tinha acabado com a vida do mais notório discípulo de Mutis, Francisco José de Caldas (1768-1816), fuzilado pelas tropas de ocupação espanhola, que realizavam a reconquista de Nueva Granada.

diosos contemporâneos sobre a quina e mostrar as conexões, coincidências e contribuições de seu trabalho, apontando para a circularidade entre os estudiosos da quina das coletas, descrições e classificações da planta, que enriqueciam o que se sabia dela.

O tratado mostrava uma preocupação com a descrição dos bosques onde se fazia presente a *cascarilla*, o que teria acontecido com eles pela coleta indiscriminada, além de se ocupava da coleta das cortiças, de suas estocagens, do envio à Europa e da comercialização da *cascarilla* ali (RUIZ, 1792). Além disso, ponderava os usos por médicos e cirurgiões do vegetal por ser: febrífugo, antipútrido, estomático, digestivo, tônico, confortante, supurativo, absorvente e antiespasmódico (RUIZ, 1792). Ruiz López fazia, ainda, uma detalhada descrição morfológica das plantas de quina e do *quino quino*, que seria diferente, tendo outras propriedades e usos ainda por conhecer, razão pela qual suas primeiras observações foram colocadas como apêndices no final do livro (RUIZ, 1792).

Finalmente, Ruiz López se ocupava de tratar da morfologia e das particularidades de sete espécies de quina, mencionando também outras três que não estudou suficientemente. Fez questão de distinguir cada uma delas, seguindo uma das linhas mestras do tratado: não se devia mesclar as diferentes quinas, acreditando-se erroneamente que a mistura ficaria mais eficiente e ampliaria o leque dos tratamentos (RUIZ, 1792). Para Ruiz Lopez, foi a falta de conhecimento de cada espécie e suas características próprias que trouxeram a administração errada do remédio e a desconfiança entre meios médicos de suas grandes virtudes curativas (RUIZ, 1792). Sem condições de ter feito a parte de experiências com cada quina, incorporou o autor as análises feitas por Pedro Gutiérrez Bueno, um de seus assistentes (RUIZ, 1792).

Ao se ocupar da localização geográfica, da botânica, dos usos médicos das sete espécies da quina e de seu cultivo, formas de envio ao reino e comercialização ali, o tratado de Ruiz López representava um exemplo do entendimento dado à aplicação da história natural em relação à quina. O tratado, assim, mostrava como o interesse pela história natural presente nas expedições botânicas, além de suas preocupações com reconhecimento de regiões, classificação e estudo de plantas nativas, estendia-se à exploração econômica de espécies, apontando para seu melhor aproveitamento e sua circulação como mercadorias no reino e na Europa.

O M.P. aproveitou essa oportunidade que o interesse pela quina suscitava fazendo uma contribuição com a história natural, publicando o texto *"Observaciones y Conocimiento de la Quina debidos al Dr. Don José Celestino Mutis"* no seu número 698, incluído no volume XII, p. 211, de 1795. Ao contrário da carta de Nolasco Crespo, que era um texto de divulgação, as *"Observaciones"* visavam, a partir de um repertório médico, a elucidar as confusões em relação à quina, produzidas, em grande parte, pela ignorância e repetição do erro. Ali, a prática da história natural revelava sua preeminência como conhecimento e sua utilidade na diferenciação das espécies de uma planta do Novo Mundo que se entendia como uma das maiores contribuições para a medicina de seu tempo.[10]

O artigo divulgava o estágio de conhecimento sobre a quina a partir das coletas, observações, análise, classificações, descrições e propriedades feitas pelo diretor da Expedição Botânica na Nueva Granada, José Celestino Mutis, que tinha sido incumbido pelo rei de estudar a curativa planta americana.

O artigo, que não tem autoria em nenhum lugar e deve ter sido da lavra de algum dos editores do *Mercurio Peruano*, recolhe o conhecimento botânico e a prática médica de Mutis, que, em alguns momentos, aparece em primeira pessoa, mencionando o que ele fez ou costuma fazer de um ou outro jeito; e, em outros momentos, é referido em terceira pessoa pelo narrador ou editor, apontando para a intertextualidade comum no periódico. O texto está construído a partir da descrição das quatro espécies de quina e de suas propriedades. Como Mutis menciona, no título e na introdução, descrições e observações, devem ter sido as informações tomadas de algum texto dele, como a *Instrucción* que foi mencionada por Ruiz López no seu tratado. Assim, o artigo, embora "pule" uma descrição botânica da quina, que se esperaria num trabalho de Mutis, parece ser um detalhado resumo de um informe desse, descrevendo as experiências e observações realizadas para distinguir as características e propriedades medicinais de cada espécie. Como no tratado de Ruiz López, há aqui uma erudição médica, citando autores ou se referindo a explicações das doenças em cima da doutrina galênica dos humores, ou do funcionamento dos nervos no corpo. Tudo isso para construir uma posição de pertinência e propriedade em relação aos argumentos levantados.

---

[10] A fama das virtudes curativas da quina para reduzir febres e calafrios e o uso para o tratamento da malária têm atravessado séculos desde o XVII, chegando até o XXI, permeados de admiração polêmica tanto no passado quanto no presente, haja vista, como já mencionado aqui, a alta demanda por *Cinchona officinalis* na província de Loja durante a pandemia de Covid-19 (PUCHA-COFREP *et al.*, 2020).

HISTÓRIA E CIDADES

Depois de exaltar a Mutis, o artigo diz que este, nas suas buscas, identificou sete espécies de quina, mas estudou em detalhe quatro tipos de *Cinchona officinalis: anaranjada, roja, amarilla y blanca*. O artigo se organiza a partir dos quatro tipos, descrevendo, para cada um deles, sua estrutura. A seguir, descreve aparência, gosto e características, além de sua propriedade mais importante, espuma ao ser fervida, virtudes de cada espécie e doenças que podiam ser tratadas.

O tópico *"Carácter distintivo y general de las varias especies de quina oficinal"* abre-se afirmando que a botânica demostra que a distinção de quatro espécies *oficinales* de quina com características diferentes e peculiares a cada uma é uma evidência que *"teniendo cada especie caracteres o cualidades distintas, produzcan virtudes diferentes, pues los efectos siempre son respectivos a las causas que los producen"* (M.P. XII, 1795, f. 214). Assim, *"cada especie de quina tiene su color propio de um cierto jugo que la tiñe y se halla depositado en abundancia y cuajado entre las fibras leñosas de las cortezas"* (M.P. XII, 1795, f. 215). *"Todas las cortezas mascadas dejan um amargo"* (M.P. XII, 1795, f. 215). Finalmente, afirma-se que *"de la combinación de caracteres subministrados por la vista y el gusto, en cada espécie, debe resultar la distinción por principios más seguros, que los empleados hasta el presente"* (M.P. XII, 1795, f. 215). Dentro dos sentidos utilizados, o olfato não entra nessa descrição de *caracteres*.

Feita essa afirmação, é aberto um outro ponto: características particulares de cada espécie, das quais 12 são examinadas. Estas podem ser resumidas no exame da cortiça sob a "lente"; a cor de seu pó; as mudanças de cor a ser molhada com água fria ou fervida; suas espumas; texturas e sedimentos; e sua densidade ao ser fervida ou estar fria. Por último, o sabor quando mascada e efeitos na saliva e na boca. Assim, da quina *anaranjada*, é dito que *"reducida a polvo no pierde su color antes lo aumenta"* (M.P. XII, 1795, f. 216) e que a *"misma infusión añadidas dos onzas de agua, puesta al fuego hasta romper el hervor, a las 24 horas da uma tintura más cargada"* (M.P. XII, 1795, f. 216). Da quina *roja*, registra-se que sua cortiça é bem seca por dentro e que *"presenta su cara interior de color rojizo"* (M.P. XII, 1795, f. 217), sendo que *"después del cocimiento dá una tintura más cargada sin espuma, más encendida de color sangre"* (M.P. XII, 1795, f. 217). Na boca, causa un *"fruncimiento con aspereza notable en la lengua, paladar y más sensible en los labios frotados con la lengua"* (M.P. XII, 1795, f. 218). A quina *amarilla* produziria uma tintura *"en espíritu de vino delgada sin espuma"*, e seu pó teria um *"amarillo pajizo"* (M.P. XII, 1795, f. 219). Por último, a quina branca, na observação da lente *"presenta las fibrillas menos leñosas delgadas y más frágiles"*; na infusão fria, produziria uma tintura mais carregada com muita espuma; mascada, seria muito mais amarga que as outras, fazendo com que a saliva ficasse um pouco grossa e carregada de espuma, mas sem deixar na boca uma sensação seca; antes, ao contrário (M.P. XII, 1795, f. 221).

As características são estabelecidas em cima de resultados provocados por diversos tipos de alterações que podem ser observadas no estabelecimento da cor, da densidade e do sabor. Elas estariam, pois, constituindo um padrão de identidade para cada espécie de quina, que poderia ser verificado pela experimentação que era descrita minuciosamente.

Colocadas as 12 características para cada quina, abre-se o tópico das virtudes particulares de cada espécie e das doenças a que cada uma pode ser aplicada. Aqui, fica evidente a formação médica do autor, sendo que, em vários momentos, o texto faz menção à sua experiência na prescrição, como na referência de que a quina branca *posteriormente la hemos administrado de varios modos y en grandes porciones hasta podernos asegurar de sus saludables operaciones* (M.P. XII, 1795, f. 228).

A partir dessa experiência, é explicitado que, distinguidas as espécies do remédio, é preciso recorrer a *observación y experiencia para reconocer en ellas sus peculiares eminentes virtudes por sus cualidades más sobresalientes* (M.P. XII, 1795, f. 221). A quina *anaranjada* teria sido a *espécie primitiva, la que sobresale entre las otras, por el carácter particular de ser eminentemente balsámica* (M.P. XII, 1795, f. 222). Teria sido o médico Ricardo Morton o primeiro a assinalar que essa quina atuava sobre o sistema nervoso (M.P. XII, 1795, f. 222).

A quina *roja* teria a característica de ser "eminentemente adstringente", atuando sobre as gangrenas e o sistema muscular (M.P. XII, 1795, f. 224). É advertido que, ao ser confundida com a quina *anaranjada*, causava mal aos pacientes (M.P. XII, 1795, f. 225). A quina *amarilla*, ao atuar abrindo e fechando os "vasos mínimos", indica que atuava sobre a *masa de los humores y por consiguiente se extiende su eficacia a todas las calenturas continuas y remitentes y a muchas enfermedades crónicas* (M.P. XII, 1795, f. 226).[11] Segundo o artigo, da virtude purgante dessa espécie, tem surgido a crença errada de que toda quina recém-colhida é purgante. O autor, porém, afirma que *es necesario confesar que su virtud febrífuga es indirecta y mucho más débil que la naranjada* (M.P. XII, 1795, f. 227). Ela pode ser utilizada para tratar

---

[11] O artigo mostra a adesão que ainda os médicos mantinham em relação à "teoria" dos quatro humores que estariam associados às doenças: o sangue, a fleuma, a bile amarela e a bile negra. (FLECK, 2014).

"calenturas, supuraciones, gangrenas y viruelas", mas não alcançaria a eficácia da *roja* (M.P. XII, 1795, f. 228).

Para a quina *blanca*, o artigo considera que ela deve ser incluída entre *las oficinales*. Ela já foi administrada de vários modos e em grandes porções (M.P. XII, 1795, f. 228). De ação sobre as glândulas do corpo, teria *"virtud directamente detersiva adelgazando y arrastrando las impurezas estancadas en las entrañas"* (M.P. XII, 1795, f. 229). Assim como teria sido apontado pelo doutor Tothergill, com ela, ter-se-iam melhores resultados do que com remédios salinos no tratamento das escrófulas.

Temos aqui um texto pautado pela diferença quanto às características de cada quina e suas "virtudes" para tratar diversas doenças. Umas serviriam para febres, outras como purgantes, outras para gangrenas. Daí a necessidade de conhecê-las e diferenciá-las.

Ainda, há o esforço em separar as crenças que a prática da administração da quina tinha criado do que seria a comparação dos registros médicos em diversos casos, que apontariam para os efeitos específicos de cada quina no corpo humano e sua forma de aplicação. Como tinha colocado Ruiz López no seu tratado, existiam espécies diferentes de quinas e diferentes eram suas propriedades. Os usos medicinais, portanto, deviam ser diferentes, assim como suas formas de aplicação, suas medidas e seus procedimentos de manipulação.

O ponto seguinte é sobre a natureza geral da quina a partir de seus primeiros elementos. O autor adota uma definição geral: *"la quina es em nuestro dictamen um jabón vegetal de sustancia densa, viscosa y tenaz preparada por la naturaleza hasta cierto punto"*, concluindo que pode ser conservada em estado seco e cru por muitos anos (M.P. XII, 1795, f. 236). Afirma também que, para o exercício prático da medicina, é necessária a combinação dos primeiros elementos de cada planta. Mesmo assim, o texto reconhece que os ensaios químicos com a quina ainda não tinham determinado de que princípios pudessem derivar suas virtudes febrífugas e antissépticas. Na continuação, o artigo passa a descrever "ensaios", que constituiriam métodos para diversas preparações da quina: *cerveza, vinagre, tisana, lavativas, elixir, purgantes, "jarabes y cerveza polycresta"*. Para cada uma dessas preparações, eram consignados os ingredientes (quina, água, mel, ruibarbo, *zarza parrilla*) para os passos de manipulação nos que se estipulam: medidas, produção de estados, tempo de duração de cada operação, como a fervura e a fermentação, tipo de recipientes (garrafas, tonéis) e descrição da substância obtida.

A preparação mais simples e saudável é a quina fermentada, que produz um licor; por ser muito densa, precisa de muita água para produzir por fermentação: cerveja, vinagre e *tisana* de quina (M.P. XII, 1795, f. 238). Para a obtenção da cerveja, o pó deve ser fino, colocar mel de abelhas, de cana ou açúcar, água num tonel e, depois, por decantação, colocar em garrafas *"de modo que el licor salga claro y sin mescla del jugo disuelto"* (M.P. XII, 1795, f. 239). Para o vinagre, a preparação básica deve ser deixada nos tonéis por quatro meses, para passar da *"fermentación vinosa a la vinagrosa"*, e depois fazer a decantação (M.P. XII, 1795, f. 239). A preparação para a cerveja e o vinagre é sempre a mesma para as quatro espécies de quina *oficinales*.

Para *tisanas*, a partir de uma massa, colocar em vasilhames vidrosos com tampa, com pouco líquido, fervendo durante três horas (M.P. XII, 1795, f. 239). Para as *lavativas*, a partir dos últimos sedimentos, colocar com mel e pouca água em outro recipiente, e ali *"acaba de fermentar desatando-se finalmente todo el jugo virtual del remedio adherido al fuste o parte leñosa de la corteza"* (M.P. XII, 1795, f. 239). A medida seria uma xícara de "chocolate" para se colocar em água fervente, deixando depois repousar para adquirir o "temple" para administrar ao doente (M.P. XII, 1795, f. 241).

Elixir, o mesmo procedimento da *tisana*, mas filtrando o líquido com um pano e depois com "papel de estraza", para colocar em vidros bem tampados, devendo-se produzir, por essa operação, muito pouco licor (M.P. XII, 1795, f. 242). Para obter as quinas purgantes, devia-se ser utilizada a quina amarela, misturada com duas *onzas* de ruibarbo e duas de raiz de "xalapa" para uma libra de quina (M.P. XII, 1795, f. 243). Os xaropes deviam ser feitos com quina amarela e branca, a partir da base da *tisana*, e filtrar, produzindo um líquido *"sumamente cargado para reducirlo a la forma de jarabe con la porción correspondiente de azúcar"* (M.P. XII, 1795, f. 244). Para a obtenção de *"cerveza polycresta"*, combinar a cerveja com *zarza parrilla* e quina *roja "por cada cuatro onzas de la dicha quina, doble porción de la zarza reducida a polvo"* (M.P. XII, 1795, f. 245).

Nessa parte, as experiências relatadas no texto ainda eram devedoras das práticas médicas e das boticas do século XVIII; por exemplo, para as medições, estabelece-se uma "xícara de chocolate", algo que estaria mais para uma receita culinária do que para um protocolo de manipulação.

O artigo é finalizado, então, com o que seria uma "ficha" das diversas nomenclaturas pertinentes a quina:

En la botánica chinchona: Lancifolia: oblongifolia: cordifolia: ovalifolia; [...] Quina. Hoja de Lanza; Hoja oblonga; Hoja de corazón; Hoja oval. En el comercio: naranjada, roja, amarilla, blanca. Primitiva. Sucedánea. Sustituida. Forastera [...]; En la medicina: Amargo. Aromático. Austero. Puro. Acerbo. balsámica. Astringente. Acibarada. Jabonosa. Antipirética. antiséptica. Catártica. Rhyctica. antídoto. Polycresta. Ecphractica. Prophilactica. Nervina. Muscular. Humoral. Visceral. Febrífuga. Indirectamente Febrífugas. (M.P. XII, 1795, f. 246).

Considerações finais

Começamos este artigo fazendo referência a uma publicação acadêmica da universidade de Loja no Equador que dava conta do aumento, durante 2020, do consumo de quina para o tratamento da Covid-19, seguindo a tendência dos que acreditavam que a administração da Hidroxocloroquina era eficaz para enfrentar o espalhamento do SARS-CoV2. Este texto, ao ir para a Lima do final do século XVIII, localizou, em relação às propriedades curativas da quina, a tensão entre as práticas terapêuticas e a ciência da época, que, ao estabelecer classificações, marcava limites para seu uso. Essa tensão se manteve no século XIX, quando foi separado o princípio ativo, impactando a demanda mundial propiciada pelo uso da quina para o controle sobre a febre amarela no marco da expansão colonial nos trópicos e chegou até o século XXI no quadro inédito da pandemia.

No corpo do texto, foi seguido o fio condutor de um dos primeiros periódicos americanos que chegou a tratar, durante sua existência editorial, de conhecimentos gerais e, em particular, do leque da história natural que, nas suas páginas, era aberto para os leitores. A seleção de matérias do periódico permitiu acompanhar os empenhos dos estudiosos desse momento em estabelecer as classificações da quina e identificar suas propriedades como parte de um programa de produção e divulgação de conhecimento científico, incentivado pelo reformismo iluminista dos Bourbons. Foram seguidas as descrições de quatro espécies de quina identificadas por Jose Celestino Mutis, trazendo os registros feitos dos detalhados experimentos realizados para identificar as propriedades de cada uma, os produtos que podiam ser extraídos e seu uso no tratamento de diferentes sintomas.

Os protocolos do médico apontam para uma produção de conhecimento já definido pelo peso do empírico. Os protocolos localizam o trabalho na controvérsia criada em torno das classificações dos diversos tipos de *chinchona* existentes nos vice-reinados de Nueva Granada e do Peru, num momento em que a quina mostrava peso econômico para as receitas dos vice-reinados. As classificações e seus debates traziam, para os projetos botânicos da América do Sul, a possibilidade de se exercitar no método classificatório e contribuir com propriedade em algo que, na Europa, ganhava atenção, visibilidade e possibilidade de reconhecimento. A formulação das classificações e sua divulgação entre estudiosos e leigos ilustrados apontava não somente para a riqueza americana, mas para a possibilidade de os botânicos da América (espanhóis, peruanos, novo granadinos) atuarem dentro da produção de história natural com competência e, por meio dela, tirarem a América de sua posição infantil com respeito ao Velho Mundo. Finalmente, o âmbito das classificações mostrava-se como um campo de saber que pouco tinha de ingênuo ou descolado da competição capitalista do final do século XVIII, no contexto dos novos interesses do colonialismo.

Referências

CLÉMENT, J. **El Mercurio Peruano, 1790-1795**. Frankfurt; Vervuert; Madrid: Iberoamericana, 1997. 2 vols.

CÓRDOVA AGUILAR, H. **La percepción geográfica del Perú entre 1790 y 1880.** Lima: Bira 20, 1993.

FLECK, E. **Entre a caridade e as ciências**: a prática missionária e científica da Companhia de Jesus. São Leopoldo: Oikos, Editora Unisinos, 2014.

FOUCAULT, M. **As palavras e as coisas**: uma arqueologia das ciências humanas. São Paulo: Martins Fontes, 2016.

GUIBOVICH PÉREZ, P. Alcances y límites de un proyecto ilustrado: la Sociedad de Amantes del País y el Mercurio Peruano. **Histórica**, [*s. l.*], v. 29, n. 2, p. 45-66, mar. 2005. Disponível em: http://revistas.pucp.edu.pe/index.php/historica/article/view/1277. Acesso em: 30 jun. 2021.

HUAMÁN, L.; ALBÁN, J.; CHILQUILLO, E. Aspectos taxonómicos y avances en el conocimiento del estado actual del árbol de la quina (*Cinchona officinalis* L.) En el norte de Perú. **Ecología Aplicada**, [*s. l.*], v. 18, n. 2., p. 145-153, 2019. Disponível em: http://dx.doi.org/10.21704/rea.v18i2.1333. Acesso em: 30 jun. 2021.

MEDINA RODRÍGUEZ, F. M. D. Cartas al Director. Precisiones sobre la historia de la quina. **Reumatología Clínica**, México D.F., v. 3, n. 4, p. 196, 2007. Disponível em: https://doi.org/10.1016/S1699-258X(07)73622-7. Acesso em: 27 maio 2021.

MERCURIO PERUANO DE HISTORIA, LITERATURA, Y NOTICIAS PÚBLICAS QUE DA À LUZ LA SOCIEDAD ACADÉMICA DE AMANTES DE LIMA. Lima: Imprenta Real de los Niños Huérfanos, [1790-1795]. 12 t.

NIETO OLARTE, M. Historia Natural y la apropiación del Nuevo Mundo en la Ilustración española. **Bulletin de l'Institut Français d'Études Andines**, v. 32, n. 3, p. 417-429, 2003. Disponível em: https://doi.org/10.4000/bifea.6049. Acesso em: 30 jun. 2021.

OLIVEIRA, F. P. G. A cognição do mundo natural americano em Milicia y Descripción de las Indias, de Bernardo de Vargas Machuca. *In*: ALVIM, Márcia Helena. (org.). **Conhecimento, cultura e circulação de ideias**. Santo André: UFABC, 2014. p. 232-236.

POUPENEY HART, C. Prensa periódica y letras coloniales. **Tinkuy:** Boletín de Investigación y Debate, n. 14, p. 13, 2010. Disponível em: https://dialnet.unirioja.es/servlet/articulo?codigo=3296406. Acesso em: 30 nov. 2020.

PUCHA-COFREP, D. A. *et al*. El consumo de Cinchona officinalis L., Ecuador. **Bosques Latitud Cero**, [*s. l.*], v. 10, n. 2, p. 161-174, 2020.

PUIG-SAMPER, M. Á. Las expediciones científicas españolas en el siglo XVIII. **Canelobre: Revista del Instituto Alicantino de Cultura Juan Gil-Albert**, Madrid, España, n. 57, p. 20-41, 2011. Disponível em: https://dialnet.unirioja.es/servlet/articulo?codigo=4098632. Acesso em: 30 jun. 2021.

RUIZ LÓPEZ, H. **Quinología o Tratado del árbol de la quina o cascarilla, con su descripción y la de otras especies de quinos nuevamente descubiertas en el Perú, del modo de beneficiarla, de su elección, comercio, virtudes, y extracto elaborado con cortezas recientes Madrid**, En la Oficina de la Viuda é hijo de Marín, 1792. Disponível em: http://www.cervantesvirtual.com/obra/quinologia-o-tratado-del-arbol-de-la-quina-o-cascarilla-con-su-descripcion-y--la-de-otras-especies-de-quinos-nuevamente-descubiertas-en-el-peru-del-modo-de-beneficiarla-de-su-eleccion-comercio-virtudes-y-extracto-elaborado-con--cortezas-recientes/. Acesso em: 17 jul. 2023.

SANTANA, C. A. A efervescência das ideias pedagógicas na Ilustração: o verbete "educação" da enciclopédia. **Prometeus**, [*s. l.*], n. 26, p. 67-80, 2018.

Capítulo 2

O SACRILÉGIO NO BISPADO DE SÃO PAULO NA SEGUNDA METADE DO SÉCULO XVIII

Alberto Luiz Schneider
Walter Mesquita Barroso

Introdução

No dia 1 de agosto de 1752, a justiça eclesiástica paulista começou a investigar agressão ocorrida uma semana antes, na freguesia de Nossa Senhora da Conceição de Guarulhos, pequeno povoado da capitania de São Paulo. O local em que se deu a desavença não poderia ser mais icônico: o adro da Igreja Matriz. Documentos, com toda a apuração do caso, podem ser encontrados hoje, no Arquivo da Cúria Metropolitana. Uma das testemunhas deixou registrado o que teria visto:

> Joseph Rodrigues de Oliveira, solteiro [...] 24 anos, testemunha a quem o reverendo [...] juiz comissário deferiu o juramento dos Santos Evangelhos [...] disse que na noite de vinte e cinco de julho dera, João da Cunha, escrivão da vintena, uma pancada em João Fernandes na cabeça, da qual lançara sangue, estando ambos no adro desta matriz aonde ele, testemunha, viu o sangue... (ACMSP, 1752, p. 2/Verso).

O que Joseph Rodrigues disse ter presenciado foi um sacrilégio; um delito que tinha várias tipificações e muito comum entre os paulistas, no século XVIII. Ele poderia manifestar-se de várias formas: o vandalismo de imagens, o roubo da caixinha de esmolas, a prisão irregular dentro do templo, a agressão a um religioso e a efusão de sangue – que era a briga ou, até mesmo, um homicídio dentro da Igreja ou no seu Adro, também tido como área sagrada. Portanto, a territorialidade era uma de suas características principais.

Outras faltas como concubinato, bigamia e heresia receberam atenção de importantes historiadores nacionais como Fernando Londoño, Bruno Feitler e Ronaldo Vainfas. Mas os sacrílegos não foram poucos em terras bandeirantes. E, certamente, sua incidência acabava expressando algumas características do modo de vida paulista, durante o período setecentista. Dessa forma, este artigo tem por objetivo lançar luz nos casos de sacrilégio cometidos no Bispado de São Paulo na segunda metade do século XVIII.

Para se ter uma ideia da popularidade e de como o sacrilégio era comum, vejamos um levantamento feito no arquivo da Cúria Metropolitana acerca de sua ocorrência:

Quadro 1 – Bispado de São Paulo – 1745 a 1800 – Os três crimes mais cometidos por região

Região	Tipos de Crimes	Número de Registros
São Paulo – cidade	Concubinato	97
	Sacrilégio	20
	Prostituição	12
São Paulo – interior parte A	Concubinato	192
	Sacrilégio	12
	Prostituição	5
São Paulo – interior parte B	Concubinato	84
	Sacrilégio	12
	Casamento ilícito	6
Coritiba	Concubinato	10
	Agressões	3
	Sacrilégio	2
Mato Grosso	Incesto	1
Sul de Minas	Concubinato	6
	Sacrilégio	2
	Casamento ilícito	2
Paranaguá	Concubinato	54
	Sacrilégio	4
	Casamento ilícito	4
Rio Grande do Sul e Santa Catarina	Bigamia	2
	Concubinato	1
	Homicídio	1

Fonte: arquivo Dom Duarte Leopoldo e Silva – Cúria Metropolitana de São Paulo

No acervo, todos os documentos lavrados pela justiça eclesiástica paulista estão subdivididos em gavetas com as diferentes áreas que compunham o Bispado: Capital, cidades do interior – partes A e B – e as outras regiões, como Sul de Minas ou Curitiba. Podem ser desde simples pedidos de soltura ou clemência — que encerram poucas páginas — até autos de devassa[12] e livramentos que alcançam, muitas vezes, mais de uma centena delas.

A digitalização de documentos ainda está em fase de implantação no arquivo. Por isso, o levantamento deve ser feito com muito cuidado, para que não haja erro na estatística. Dentre esses documentos, aqueles que se referem ao tipo específico da efusão de sangue são os mais frequentes. Como já mencionado, eram os casos de agressão ou morte. Vejamos neste segundo quadro:

Quadro 2 – Bispado de São Paulo – 1745 a 1800 – Tipos de sacrilégio por região

Região	Tipos de Sacrilégio	Número de Registros
São Paulo – cidade	Roubo/furto/arrombamento	10
	Efusão de sangue	5
	Prisão irregular	5
	Outros	3
São Paulo – interior parte A	Efusão de sangue	9
	Destruição de imagens/falsificação	2
	Roubo/furto/arrombamento	1
São Paulo – interior parte B	Efusão de sangue	9
	Arrombamento	1
	Prisão irregular	1
Coritiba	Efusão de sangue	2
	Roubo	1
Mato Grosso	Xxx	-
Sul de Minas	Roubo de hóstia	1
	Insulto	1
Paranaguá	Efusão de sangue	2
	Quebra de imagem	1

Fonte: arquivo Dom Duarte Leopoldo e Silva – Cúria Metropolitana de São Paulo

---

[12] Para saber mais sobre devassas, recomendo Boschi (1987), Pereira (2011), Resende, M. (2011), Januário, M, (2011) e Turchetti, N. G. (2011).

A partir de 1745, as autoridades religiosas criaram novos bispados com o intuito de ter maior capilaridade num território em que a população colonial era crescente. Dessa forma, São Paulo e Mariana passaram[13] a ser dioceses. Isso significa que todos os crimes cometidos no bispado paulista seriam julgados na sua base. Até então, era no Rio de Janeiro que ocorriam as apurações. É por isso que o recorte temporal deste artigo tem início na segunda metade do século XVIII. Como se pode observar, o bispado paulista tinha praticamente a mesma área geográfica da capitania. Todos os documentos elencados aqui estão na dissertação de mestrado *A Violência na Colônia: Os crimes de sacrilégio no Bispado de São Paulo — 1745-1800*, defendida nesta Pontifícia Universidade Católica, em novembro de 2021.

A Igreja e o Cotidiano da Colônia

Antes de uma análise mais acurada dos sacrilégios, é interessante pensar de que forma a religião católica procurou instalar-se na América. Isto porque, desde a chegada dos lusitanos, no século XVI, a Igreja era sócia da Coroa portuguesa no projeto de colonização.

O Padroado, iniciado na centúria anterior, era o direito, concedido pelos papas ao reino português, de administrar as questões eclesiásticas nas novas terras conquistadas. Portugal teria a posse reconhecida por Roma, e, em troca, a Coroa garantiria a evangelização dos nativos, aumentado a base de fiéis. A ideia era minimizar o estrago provocado pela reforma luterana de 1517. O Concílio de Trento – encerrado em 1563 — era o grande arcabouço da contraofensiva católica.

A demora na colonização e a relativa distância do poder régio metropolitano fizeram com que, nos primeiros 50 anos de contatos entre colonos e indígenas e formação das primeiras vilas, não houvesse uma forte presença eclesiástica ou preocupações contrarreformistas, até porque Trento havia começado há pouco. Essa permissividade inicial permitiu a prática de vários credos e origens. Stuart Schwartz lembra que:

> [...] a ausência de controles religiosos ou administrativos rígidos e as oportunidades [...] infindáveis de natureza material ou carnal tinham atraído não só pessoas que queriam melhorar

---

[13] Para saber mais sobre a atuação da Igreja no Bispado de Mariana, sugiro Vasconcellos (2014). Diogo Vasconcelos, além de detalhar a estrutura da Justiça Eclesiástica no Bispado de Mariana, traz muitas informações acerca das Visitas Episcopais, do cotidiano das Igrejas, como a tabela de emolumentos elaborada ainda pelo bispo de Rio de Janeiro e festas religiosas.

de vida como também todas as espécies de dissidentes religiosos e de pessoas vivendo à margem da sociedade portuguesa. (SCHWARTZ, 2009, p. 270).

Foi somente a partir de 1549, com o advento do Governo Geral e da vinda dos Jesuítas da Companhia de Jesus, é que passou a ser efetiva a cristianização na Colônia. Esses missionários entendiam que a grande tarefa que tinham pela frente era doutrinar os indígenas pagãos da América. Mas, se a conversão dos nativos preocupava o Padroado, não era menor a apreensão com casos como o de Pero de Campo Tourinho, trazido à luz por Laura Melo e Souza no seu *Inferno Atlântico — Demonologia e Colonização nos séculos XVI-XVIII*.

A autora conta que o referido donatário da capitania de Porto Seguro foi denunciado à inquisição em 1543, pelos seus vizinhos, por heresia e blasfêmia. O acusado alegou que fora vítima de falsas denúncias e absolvido ao final do processo, por volta de 1550. Mas isso não impediu que deixasse a Colônia, "sob ferros, no fim de 1546" (SOUZA; BICALHO, 2000, p. 48) e assinasse, um ano depois, um termo de não deixar Lisboa sem o consentimento da Inquisição. Esse caso exemplifica a relação com a religião naquela época: muitos dos que vinham para a América traziam um manancial de críticas e dúvidas que assolavam a Europa após a Reforma. Se mantinham a fé nos santos da Igreja Católica, não deixavam de levar em conta aspectos da magia negra, alquimia e feitiçaria.

Não eram raros os questionamentos sobre dogmas do cristianismo — as heresias — que atingiam a Santíssima Trindade e a virgindade de Maria. Essa mescla fazia da sociedade colonial um campo fértil para o crescimento de ideias contrárias aos interesses de Roma. Daí a necessidade do controle. Não por acaso, portanto, ocorreram três visitas da Inquisição Portuguesa em 1591, 1618 e 1627. O desafio da Igreja – principalmente a partir dos séculos XVII e XVIII – era manter o catolicismo forte, numa sociedade colonial muito heterogênea, marcada pela existência de hábitos que representavam miscigenação com outros credos. Miscigenação essa que incomodava e que aparecia como ameaça ao monopólio católico romano e da Coroa[14].

A historiografia nacional ainda debate quando os ecos de Trento chegaram à Colônia. Evergton Sales Souza acredita que essas influências

---

[14] A Inquisição foi criada pelo Papa Gregório IX, em 1233. Inicialmente, atuou nos territórios em que hoje são França, Itália e Alemanha. Chegou a Portugal em 1536. Também conhecida como Tribunal do Santo Ofício, ocupava-se dos crimes que negavam os dogmas da Igreja Católica. Assim, as heresias eram um dos alvos principais. Para saber mais sobre a Inquisição em terras lusitanas, sugiro a leitura de: PAIVA, 2011.

aportaram cedo à América Portuguesa. Segundo ele, nos séculos XVI e XVII, já se observava o esforço da Igreja em se organizar no ultramar. No entanto, as condições aqui eram extremamente difíceis. Por isso, ele afirma que "no Brasil do século XVI não há Igreja por reformar, mas por construir" (PAIVA, 2014, p. 180).

Para outros estudiosos, no entanto, os eflúvios tridentinos são sentidos a partir de uma maior normatização de suas regras na Colônia. Para Lana Lage, isso ocorreu com a aprovação das *Constituições Primeiras do Arcebispado da Bahia,* por ação de D. Sebastião Monteiro da Vide, em 1707 (FEITLER; SOUZA, 2011). Se levarmos em conta a instalação de seminários, uma das exigências tridentinas para a formação do clero, veremos que eles só apareceram na segunda metade dos 1700. Maria Helena Ochi Flexor vai na mesma linha. Ela ressalta a importância ideológica das *Constituições* e que, após a sua divulgação, a Igreja obrigava:

> [...] que fossem lidas, publicamente, em especial nas missas, para que os fiéis tivessem conhecimento do seu conteúdo, o que [...] deu instrumentos legais à Inquisição quanto [...] uniformizou os procedimentos lusos nas instituições religiosas portuguesas... (FLEXOR, 2020, p. 41).

Em texto seminal, Bruno Feitler (2009) consegue relativizar a questão. Para ele, há diferentes e variados pontos de vista, e, dependendo da época e do lugar, a herança de Trento pode manifestar-se de várias formas. Podemos entender que, nos primeiros anos da colonização, havia uma visão mais quantitativa do esforço católico. No início do século XVIII, foi feito um acerto qualitativo, com a implantação de medidas que visavam a melhorar a formação de padres e fiéis. Dentre elas, estão as já citadas *Constituições Primeiras*, que, para muitos, historiadores foram o primeiro código canônico a valer para toda a Colônia.

Elas perfaziam um conjunto de cinco livros que valia como um código de conduta para o cristão – fosse clérigo ou não – e passou a ser adotado em vários bispados do território. Tudo estava descrito ali. Discorria sobre festas religiosas, enterros, sepulturas, como proceder em testamentos, qualidades e deveres de um padre, e enfatizava a importância do casamento, das missas, do solo sagrado das igrejas. Além das *Constituições,* foi editado, na mesma época, o *Regimento do Auditório Eclesiástico*, também referente à Bahia. Ele normatizava o funcionamento do tribunal episcopal e fora usado também em várias outras dioceses. Em suma, a edição de *As Constituições* não garantiu a fidelidade dos fiéis, mas denotou, sim, a preocupação da Igreja para que isso ocorresse.

O sacrilégio já estava descrito nas *Ordenações Filipinas,* de 1605, que eram as leis civis que valiam para todo o reino português. Antônio Manuel Hespanha traz um farto material sobre o entendimento dos juristas, a partir do século XVI. Segundo ele, era assim que a Inquisição portuguesa via o delito:

> O sacrilégio era a violação ou usurpação de uma coisa sagrada. Cometia-se em razão de uma pessoa sagrada ou religiosa, como quando se ofendia fisicamente (mas não por palavras) ou se prendia um clérigo ou pessoa de ordens sagradas. O mesmo acontecia se alguém tinha relações íntimas com uma freira. Sacrilégio [...] era a violação da imunidade ou a ofensa de um lugar sagrado [...] forçando a entrada desse lugar, cometendo ai um crime, tirando daí pessoas pela força... (HESPANHA, 2020, p. 420).

Ainda de acordo com Hespanha, essa falta, prevista nas leis católicas não constituía um tipo penal do Direito Civil. Todas as ordenações – Manoelinas, Alfonsinas, Filipinas – reconheciam o Direito Canônico como um código à parte, cuja aplicação competia à Igreja, mas vários delitos religiosos apareciam também nas leis civis. Por isso, havia o chamado foro misto, que, além do sacrilégio, incluía blasfêmia, simonia, incestos, concubinatos, entre outros. Para que não houvesse a duplicidade de apurações, esses casos eram incluídos na regra de prevenção, ou seja, quando o acusado fosse interpelado por um foro – eclesiástico ou secular –, não poderia ser perseguido pelo outro para esclarecer o mesmo crime.

Nas *Constituições Primeiras*, o livro V era o mais temido: ele trazia a lista de crimes com as respectivas penalizações. A relação não era pequena: adultério, feitiçaria, bigamia, lenocínio, prostituição, crimes cometidos por padres, entre outros. Assim, a noção de sacrilégio aparece no Título IX, entre os artigos 915 e 920:

> O Sacrilégio é crime grave, e atroz, e como tal foi sempre reprovado pela Igreja Catholica, e castigado com graves penas. E ainda que há vários modos de o commetter, com tudo os Doutores o reduzem a três espécies. A primeira compreende todos os actos, com que se ofende alguma pessoa sagrada, ou dedicada ao culto divino. A segunda, os que são ofensas das Igrejas, e lugares sagrados. A terceira, aquelles com que se ofendem as cousas sagradas, bentas ou dedicadas ao Divino culto. (VIDE, 1853, p. 320).

Os crimes de sangue na Igreja ou no seu adro eram tidos como os casos ainda mais graves de sacrilégio. Era assim que o código aprovado por Sebastião da Vide, em 1707, referia-se a eles:

> E os que matarem, ferirem, derem pancadas, ou bofetadas, ou injuriarem por obra nas Igrejas, ou adros dellas, ou nas procissões [...] incorrerão em excomunhão ipso facto, e serão castigados com penas pecuniárias, e corporaes arbitrarias, conforme as circunstancias do delito, e escândalo que com eles derem. (VIDE, 1853 § 916, p. 320).

No entanto, as sanções mais comuns no campo do Tribunal Eclesiástico eram de ordem financeira e espiritual, nesse caso, chegando à excomunhão. Para crimes mais graves, que previam prisão, a ordem poderia ser cumprida pela própria Mitra ou ser repassada à Coroa. Nesse caso, depois de proferida a sentença, a Justiça Eclesiástica solicitava ao juiz civil da comarca competente que cumprisse a determinação. A sentença era anexada ao mandado de prisão e remetida à autoridade secular.

A excomunhão era uma preocupação real para os fiéis. Ser excomungado, no século XVIII, era algo a ser muito temido. Isso porque, além da condenação espiritual, que, no entendimento do católico, poderia alcançar a eternidade, haveria também um cerceamento de participar da vida na comunidade. O excomungado não poderia ir às missas, às procissões e, como a comunidade orbitava em torno da Igreja, ficaria, dessa forma, isolado. As penas de morte não se aplicavam a esses crimes e eram de competência do Tribunal do Santo Ofício.

Na década de 1760, Cesare Beccaria publicou *Dos Delitos e das Penas*, obra que até hoje é tida como a base do direito penal moderno. O iluminista milanês destacava a importância das penas e a rapidez com que deveriam ser aplicadas:

> [...] é [...] da maior importância castigar rapidamente um delito cometido, se se desejar que, no espírito inculto do populacho, a pintura atraente das vantagens de uma atitude criminosa desperte [...] a ideia de um castigo inevitável. (BECCARIA, 2003, p. 77).

É a mesma análise que traz Michel Foucault. Segundo ele, as penas devem ser entendidas como o fim inevitável. Se conseguir diminuir o desejo pelo crime e aumentar o temor pela punição devida, a justiça fará sua parte. E a Igreja trabalhava com esse objetivo: fazer das punições algo temido e didático para que a comunidade cometesse cada vez menos crimes. Não que ela fizesse questão de punir. Ao contrário. Recuperar uma "alma" seria muito mais saudável. Entretanto, impor o medo, para evitar o erro, também fazia parte da tática eclesiástica de manter a qualidade dos fiéis.

O Sacrilégio na Comunidade

Cometer um sacrilégio encerrava uma boa dose de ousadia, na São Paulo setecentista.[15] Apesar da publicidade das penas, o crime era perene, como demostrado nas estatísticas. Um deles ocorreu no dia 5 de dezembro de 1762, por volta das oito da noite, no Adro da Capela de São Gonçalo Garcia, em São Paulo. A vítima foi um escravizado do Convento de São Bento chamado Valentim. Ele levava uma pequena espada – conhecida como catana – até Félix Elói do Vale, um português de 32 anos, escrivão de órfãos que havia encomendado, à ferraria do mosteiro, um reparo na arma.

Na porta da Igreja, Valentim foi atacado pelo mulato forro Pedro Pinto do Rego. O escravizado teria tentado refugiar-se na capela para escapar do ataque. Para lhe roubar a arma, Pedro o teria empurrado com extrema violência e com a mesma espada desferiu golpes decepando três ou quatro dedos de uma das mãos de Valentim. O sangue ensopou o Adro, e, na sequência, Pedro fugiu com a Catana. O responsável pela denúncia foi o promotor eclesiástico Pe. Policarpo de Abreu Nogueira, a partir dos depoimentos de oito testemunhas. Uma delas descreveu assim a abordagem que Valentim sofreu:

> João Pinto de Almeida, natural da Vila de Parnaíba [...] disse que no domingo, dia cinco, um negro cujo nome ignora e que trabalha no Convento de São Bento, foi trazer uma catana a Félix Elois e [...] o foi acometer Pedro Pinto, mulato forro, [...] um empurrão que lhe tirou das mãos a dita catana [...] o dito Pedro Pinto lhe cortou os dedos da mão, caindo quatro deles na soleira da mesma porta [...] e pedaços das peles dos dedos junto a mesma porta da Igreja... (ACMSP, 1752, s/p).

Pedro Pinto do Rego foi condenado à prisão, teve o nome passado ao rol dos culpados e responderia a processo. A pena foi publicada em 10 de dezembro de 1762, apenas cinco dias depois da agressão. Nesse caso, o palco fora um adro vazio, à noite. Mas o sacrilégio poderia muito bem ser

---

[15] Para saber mais sobre o começo da cidade de São Paulo e a ação dos jesuítas, recomendo o artigo de Wernet (2004). Sobre o interior da Capitania de São Paulo, sugiro a leitura de Bacellar (2001).

cometido à luz do dia, num domingo e com a Igreja lotada, por exemplo. No dia a dia da Colônia, a missa dominical era um dos eventos mais importantes da sociedade. Era a ocasião perfeita para que mulheres colocassem seus melhores vestidos e os patriarcas reafirmassem o seu poder. Elas poderiam ser, também, lugar de brigas e desentendimentos. Reuniam um número considerável de pessoas que tinham potencial para ser desafetas.

É o que nos mostra outro documento, que consta do acervo da Cúria Metropolitana de São Paulo, sobre uma briga que envolveu três mulheres na missa de Natal, no dia 25 de dezembro de 1770. Aconteceu na Igreja da Vila de Iguape, no litoral da Capitania, e teve como protagonistas Florência Maria, Gertrudes e Narcisa. Essas últimas eram irmãs e filhas de Úrsula Rodrigues.

No histórico elaborado pela Justiça Eclesiástica, o motivo da confusão não está descrito. O certo é que, depois de ofensas de parte a parte, Florência teria arrancado um brinco de narcisa, ferindo a orelha dessa. Mesmo com a Igreja lotada, nenhuma mulher foi ouvida entre as testemunhas. Depuseram cinco pessoas, entre militares e profissionais liberais. Um dos depoimentos mais detalhados foi o de Joaquim Alvares Carneiro:

> Joaquim Alvares Carneiro, homem solteiro [...] que vive de seu ofício de sapateiro [...] disse que [...] presenciara terem umas razões entre si Florência Maria, Getrudes e Narcisa, filhas de Úrsula Rodrigues. E jogando os murros e bofetões umas com as outras, acudiram vários homens e entre eles Joseph Correa Lisboa defendendo as filhas da dita Úrsula, pegara pelos cabelos a mencionada Florência e a tombara no chão, de cuja ação ouvira dizer ele [...] que resultara ficar a dita Narcisa ensanguentada de uma orelha com o ímpeto com que a dita Florência lhe puxara um brinco, tudo com descompostura e escândalo do povo... (ACMSP, 1771, p. 4).

Pelo relato, Joseph Correa Lisboa tomou a defesa das filhas de Úrsula. Ele teria separado a briga sendo igualmente violento com Florência, já que lhe puxou os cabelos e a jogou no chão. Outra testemunha informou que Lisboa era o tabelião da Vila de Iguape. Juntando as peças como em um quebra-cabeça, identificamos algumas relações nessa comunidade. Além da ligação que o tabelião mantinha com a família Rodrigues, vemos que o vigário da vara, ao descrever a ação que mandou para a Justiça Eclesiástica, usou a palavra "meretrizes" para classificar as três moças que se opõem na briga:

> No ano do nascimento de nosso Senhor Jesus Cristo de mil setecentos e setenta e um anos, aos vinte oito dias do mês de maio nesta vila de Iguape [...] foi dito que o Reverendo Antônio Ribeiro, vigário colado desta dita vila lhe enviara um escrito firmando de sua mão [...] de que estando o dito reverendo pároco a estação da missa conventual na igreja desta vila [...] umas mulheres meretrizes [...] de nomes Florência Maria, Gertrudes e Narcisa, filhas de Úrsula Rodrigues [...] (ACMSP, 1771, s/p).

Já no século XVIII, de acordo com o dicionário de língua portuguesa, elaborado pelo padre Rafael Bluteau e atualizado por Antônio de Moraes Silva, meretriz era sinônimo de "mulher que devassa sua honestidade, [...] porca" (SILVA, 1789). Assim, podemos perceber um julgamento moral das moças envolvidas. E voltemos à figura do tabelião Joseph Lisboa: se tomarmos como parâmetro a definição de sacrilégio e aceitando como verdadeiras as descrições das pessoas que viram a briga, Lisboa também seria sacrílego, já que, no ato de separar a confusão, ele agrediu Florência Maria no mesmo espaço sagrado. Mas, na peça da justiça episcopal analisada, não há nenhuma referência a ele como réu no processo; nem foi citado como testemunha. Nesse aspecto, portanto, Lisboa parece ter sido beneficiado de uma complacência não só por ser homem, mas também pela posição de importância que ocupava como tabelião da cidade de Iguape.

Aqui vale lembrar os estudos da filósofa húngara Agnes Heller, sobre as relações do cotidiano: "[...] a vida cotidiana tem sempre uma hierarquia espontânea determinada pela época – pela produção, [...] pelos postos do indivíduo na sociedade" (HELLER, 1992, p. 40). É interessante pensar, também, que, apesar de a Igreja estar cheia, nenhuma mulher foi chamada para depor, reafirmando o pouco lugar de fala que elas tinham na aristocrática sociedade colonial da segunda metade do século XVIII.

A violência é um dos traços de uma a sociedade marcada por relações pessoais. A socióloga Maria Sylvia de Carvalho Franco, ao analisar documentos do final do século XIX, mostrou que a solução do embate era muito corriqueira no ambiente oitocentista. Ainda que a convivência mostrasse uma situação de ajuda mútua, a hostilidade existia e era socialmente aceita, mesmo entre aqueles que se conheciam e não somente naqueles que tinham rixas ou dívidas a serem saldadas. Ela afirma que "[...] os ajustes violentos não são esporádicos, nem relacionados a situações cujo caráter excepcional [...] os sancione. Pelo contrário, eles aparecem associados a circunstâncias banais imersas no cotidiano" (FRANCO, 1997, p. 23).

Essas conclusões se adequam perfeitamente aos documentos lavrados um século antes e que são objeto deste artigo. Portanto, a presença da religiosidade não impedia que a agressividade aflorasse. E a existência dela não traduzia a diminuição da crença em Deus. Eram questões paralelas em que uma não anulava a outra.

Dentre os vários níveis de relacionamentos analisados por Maria Sylvia, estão as atividades em que se reuniam diversos integrantes da comunidade, sem, no entanto, deixar submersas rixas, desavenças, ou com o objetivo de recuperar a honra ou integridade de quem se sentiu ofendido. E é exatamente o que se percebe na descrição dessa briga na missa no Natal de 1770, em Iguape.

A brutalidade seria um elemento de resolução de pendências e resultado do imediatismo da situação, valorizando o destemor, a valentia e a bravura. Era algo como um código aceito e que subsistia sem que fosse questionado. Fazia parte das relações comunitárias, ainda que, depois, fosse passível de penalidades impostas pelas Justiças Eclesiástica ou Secular. Essa aceitação, apesar da repulsa que uma agressão no adro da Igreja poderia despertar, fica clara em outra ação sacrílega no adro da Igreja matriz de Mogi Mirim, durante a festa de Santa Úrsula, em 21 de outubro de 1773. O tenente Manoel Paes Garcia teria dado uns bofetões em Antônio José Borba e, de acordo com a denúncia apresentada pelo vigário da freguesia de Mogi, padre Antônio João de Carvalho, o fato foi presenciado por muita gente:

> [...] deu o tenente Manoel Paes Garcia uns bofetões em Antônio José Borba para o que também contribuiu Salvador Pires segurando ao dito Antônio José, o que presenciou Francisco de Oliveira Franco, Antônio Coelho, João de Siqueira e quase todo o povo desta freguesia por ser dia em que se festejou a Virgem Mártir Santa Úrsula e suceder logo depois do meio dia. (ACMSP, 1774, p. 2).

Testemunhas de um duelo que ocorreu na Igreja Matriz de Guaratinguetá, em 1747, mostram a indignação em face da violência cometida em frente à Igreja: "[...] e na mesma pancada procedeu ficar ferido o Reverendo Padre Pedro na testa [...] sendo tudo cometido sem respeito ao lugar, nem ao templo de Deus" (ACMSP, 1747, p. 4).

Essas peças da justiça episcopal servem como passaportes para o passado. Mas não podemos edificar o período setecentista somente nelas. Acreditar que documentos podem trazer a verdade sobre uma época é uma

HISTÓRIA E CIDADES

visão antiga que, Lucien Febvre, no começo do século passado, desmistificou. Para ele, não era o documento que produzia a história, mas o problema apresentado. É por isso que devem ser inesgotáveis a curiosidade e a forma de analisar as fontes. O historiador francês Jacques Le Goff alertava que a própria existência de um arquivo está inserida numa intencionalidade. Por que alguns chegaram até nós e outros se perderam?

No caso dos processos eclesiásticos, a resposta pode estar na tentativa de a Igreja manter o controle sobre os fiéis por meio de um histórico de suas ações, em que ficassem registrados os deslizes e as possíveis reincidências. Por isso, o historiador francês se refere aos documentos como um "produto da sociedade que os fabricou segundo suas relações de forças que aí detinham o poder" (LE GOFF, 1990, p. 536). José de Assumpção Barros traz explicações para a classificação dos documentos, tornando-se de grande valia para todos que queiram fazer leituras mais críticas.

Segundo ele, duas pessoas que estivessem inseridas num mesmo contexto poderiam fornecer depoimentos diferentes dentro de um processo. A primeira seria aquela que teria presenciado os acontecimentos, o que ele chama de fonte direta. A segunda saberia por ouvir dizer, chamada de fonte indireta (2019). Em todas as fontes captadas no Arquivo da Cúria de São Paulo, temos ambos os exemplos. Dessa forma, concluímos que há várias fontes numa só. E mais: de acordo com o problema pesquisado, elas podem se transformar numa ou noutra. As relações de medo, amizade ou vingança estavam diretamente ligadas ao tipo de depoimento fornecido.

A vontade de agradar à Igreja, corroborando com as apurações da promotoria eclesiástica, ou fazer parte de uma casta reconhecida por sua posição de destaque dentro da comunidade eram fatores decisivos numa oitiva. Em alguns casos, importava mais que a verdade. Não é porque a apuração se deu no âmbito episcopal que ela expressa o que realmente houve.

Por outro lado, não é porque a mentira foi usada para inocentar ou incriminar alguém, que o depoimento deva ser descartado. Pelo contrário: se ele continha essas vertentes, trouxe algumas das características de uma sociedade; um modo de agir; algo que seria normal ocorrer e, portanto, um comportamento a se levar em conta.

A questão econômica e as lutas pela sobrevivência eram sempre preocupações que habitavam o cotidiano dos paulistas como de qualquer outra capitania. Se a necessidade de exteriorizar riqueza era importante para os mais abastados, não eram menores as preocupações com as dívidas.

Empréstimos pendentes para a compra de escravizados ou víveres poderiam causar, a qualquer momento, uma situação de cólera. A ostentação, seja ela de bens, virtudes, vínculos, hierarquias, linhagens, estão na base das sociedades hierárquicas de antigo regime.

E como já foi dito neste artigo, as relações entre a população – os homens, principalmente – eram diretas. A combinação verbal tinha mais força que qualquer lei. As penas pecuniárias eram muito comuns em apurações de sacrilégio. Os processos traziam ainda mais prejuízos econômicos. A historiadora Maria Beatriz Nizza da Silva lembra:

> [...] os crimes delatados ao tribunal episcopal de São Paulo davam origem a processos cujas custas se transformavam em uma penalidade imposta arbitrariamente, uma vez que, salvo raras exceções, culpados e inocentes deveriam pagá-las. A impossibilidade de arcar com esses gastos resultava em nova punição [...] (SILVA, 2009, p. 140).

Algumas dessas fontes trazem as custas, descritas nas páginas finais, logo depois das sentenças. Tomemos como exemplo o caso da agressão ao escravizado Valentim, retratado no começo deste artigo. A Igreja gastou, entre outros valores, 1.280 réis com a tomada dos depoimentos, 1.120 com as notificações e 640 com a elaboração do auto (ACMSP, 1762, p. 20).

O valor final foi significativo: 6.608 réis que deveriam ser recolhidos aos cofres da Igreja. Para processos com muitas testemunhas – alguns chegavam a ter 30 depoimentos –, as custas eram ainda maiores. Para se ter uma ideia do valor do dinheiro em 1750, a Câmara de São Paulo determinou em 6 mil réis a multa para quem fosse pego vendendo carne fora do açougue, sem as condições de higiene necessárias.[16] Três anos depois, os vereadores tabelaram em 240 réis o valor máximo que um ferreiro poderia cobrar por cada nova ferradura, composta e pregada, em cavalos e mulas. E, em setembro do mesmo ano, uma libra de carne de porco – quase meio quilo – custava 30 réis. Em 1767, um vestido de "seda inteiro, com casas estreitas" teve o preço estipulado pela Câmara em 5.120 réis. E se as casas fossem de palheta, o valor subia para 6.400!

---

[16] ATAS da Câmara da Cidade de São Paulo, 1765-1770, v. 15, pub. 1919. A Câmara dos Vereadores de São Paulo determinava a vida dos habitantes da Capitania. Tudo passava por ela. O peso dos pães, o valor da farinha, as multas que seriam cobradas pelo desrespeito às normas editadas. O Centro de Memória da Câmara Municipal de São Paulo tem digitalizadas as atas de 1562 a 1903. As decisões dos vereadores, bem como nomeações e alguns processos cíveis dos cem anos do século XVIII, podem ser encontrados entre os volumes VII e XX.

Dadas essas despesas, não era raro alguém pedir perdão da dívida pelo impedimento de honrá-la. Na verdade, o pedido de clemência não era feito só por causa das custas ou da pena pecuniária. Havia inúmeras outras questões, como a não concordância da condenação ou a existência de um parente doente ao qual o réu precisava dar assistência fora da prisão. Apelava-se ao bom senso do Juiz Eclesiástico. Para ver atendida a solicitação de clemência, o preso deveria constituir um representante legal, fazer uma procuração que este o representasse junto à Eclésia e ainda indicar um fiador que se responsabilizasse por seus atos.

Entre a fontes analisadas, existe um caso assim, de 1756. Trata-se de um pedido de clemência para Anastácio Leme da Guerra, acusado de agressão, no adro da Igreja de Santo Amaro. No recurso, Anastácio diz que se acha preso na cadeia de São Paulo por ordem do Vigário Geral pelo crime que lhe resultou a denúncia de inimigos seus. Ele se diz

> [...] homem casado, cuja mulher se acha enferma no seu sítio, sem ter lá branco ou outra pessoa que possa cuidar dela. Por isso recolhe o suplicante à Vossa Excelência para que se digne mandar-lhe passar alvará de fiança (ACMSP, 1756, p. 2).

Anastácio apresenta, então, seu fiador. Trata-se de Ignácio Vieira Antunes, que, nas palavras do réu, é um "homem arraigado nesta cidade, com mulher e filhos, bens imóveis e de raiz" (ACMSP, 1756, p. 2). Anastácio teve seu pedido atendido pela Justiça Eclesiástica e recebeu a liberdade.

Territorialidade e Intencionalidade

Se as brigas poderiam surgir do imediatismo, o sacrilégio continha também uma boa dose de intencionalidade. Isto porque não havia melhor lugar para demonstrar coragem ou para punir alguém que o espaço religioso. E daí a territorialidade que ele também encerrava. No caso mais grave, dentre os documentos que constam do mestrado que deu origem a este artigo, está a apuração de um assassinato pela justiça eclesiástica que foi classificado como sacrilégio.

O caso aconteceu no adro da Capela de Bom Jesus de Tremembé, na Vila de Taubaté, na madrugada de 13 de fevereiro de 1758. A vítima foi um negro forro chamado Mateus. A apuração, que teve início 12 dias depois do crime, se estendeu até junho, quando a justiça eclesiástica emitiu a sentença. Trinta pessoas foram ouvidas, e a descrição das sevícias a que ele foi submetido é de uma riqueza de detalhes impressionante. Além de toda a violência, há um requinte de perversidade: os algozes invadiram a casa dele durante a noite e o levaram, amarrado, para o adro da Igreja. Havia, claramente, o desejo de torturá-lo num espaço sagrado. A ação deve ter ficado na memória daqueles que viram. Mas, se presenciaram, por que não impediram? O que a vítima teria feito para merecer tão pesado martírio?

O exame de corpo delito identificou o lugar das sevícias e as feridas provocadas: aconteceu na última palmeira, parte norte do adro, onde havia uma Jeribá. Segundo o laudo, elaborado a mando do vigário da vara, Gaspar Souza Leal, a árvore estava suja de sangue da sua metade para baixo. Os açoites foram tão intensos que chegaram a tirar parte da pele das costas e nádegas. Havia também ferimentos no olho, nas mãos, nas pernas e outro profundo, na cabeça, que propiciava ver o osso do crânio. No peito, havia queimaduras feitas com pedaços de carvão.

Segundo a apuração da promotoria, os autores foram Manoel Rodrigues, o irmão dele, João Álvares e Ignácio Bicudo Salvago. Eles teriam ido até a casa da vítima, que morava perto da Igreja, e, sem motivo aparente, a pegaram enquanto dormia. Com o cobertor em que estava enrolado, imobilizaram-no. Mateus foi levado para a palmeira e amarrado. O histórico do laudo termina concluindo a ação:

> E já cantando os galos, o deixaram no pé da mesma árvore desamarrado. E foi levado por caridade por Manuel, administrador da capela, para sua própria casa. Morreu lá depois de três dias do sobredito martírio e delito. Todas as feridas, principalmente a da cabeça, eram suficientes para lhe causar a morte. E delas, com efeito, morreu o dito Matheus. (ACMSP, 1758, p. 4).

De todas as testemunhas, 23 disseram que ouviram dizer ou que o caso era público e notório na vila de Taubaté. Pelo depoimento de outras seis, não é possível aferir se foram testemunhas oculares. Elas confirmaram assertivamente o suplício, sem, no entanto, dizer se estavam no local no instante da violenta ação. Francisco Bicudo foi o único a confirmar que vira a agressão. E, não por acaso, é dele o relato mais minucioso:

> [...] disse que sabia por presenciar que [...] foram Manoel Rodrigues, o Cavarú, e seu irmão João Alvares e Ignácio Salvago à casa de Matheus e querendo o amarrar, o dito Matheus não consentira e por causa dessa reação, lhes fizeram três feridas na cabeça, das quais duas eram mortais, e depois disto,

> o amarraram e o trouxeram para o adro da Capela do Bom Jesus, martirizando-o pelo caminho, com várias feridas por todo o corpo e depois disso o amarraram a uma palmeira do dito adro e [...] o açoitaram de tal sorte que retiraram a pele e a carne das costas e das nádegas e depois disso o largaram com uma faca pelas nádegas e deixaram-no por morto [...] O fato causou muita efusão de sangue pelo dito adro e na mesma palmeira que ele, como testemunha viu, com os seus olhos... (ACMSP, 1758, p. 11).

No final do depoimento, Bicudo informou que era primo-irmão de um dos réus, mas não só ele. Outras cinco testemunhas também se apresentaram como familiares: eram irmãos, tios e cunhado. Todos confirmaram a mesma descrição dos fatos. Em nenhum momento, ficou clara a motivação do crime. A sentença da devassa foi proferida no dia dois de junho: a justiça eclesiástica determinou a prisão de Manoel Rodrigues, João Alvares e Ignácio Bicudo e posterior livramento.

Ainda que estejamos falando de um crime, e não de uma ação oficial do Estado, há algumas coincidências presentes com o caso relatado por Michel Foucault, quando ele narra as sevícias às quais foram aplicadas em Damiens, personagem que fora martirizado em 1757, em Paris, acusado de parricídio (FOUCAULT, 2014). Primeiro, havia a presença de um templo. Antes da morte, ele foi levado para a frente da Igreja da capital francesa, para que pedisse perdão. O lugar do martírio de Mateus também era sagrado. Em seguida, a questão da exposição do supliciado.

O filósofo francês lembra que, nessas cerimônias, a presença do público era de suma importância. Não haveria sentido em cometer o suplício sem que houvesse a propaganda dele, até para que servisse de exemplo. Se tomarmos os depoimentos do caso de Taubaté como verdadeiros, o ato de levar Mateus amarrado, amordaçado, até o adro da Igreja, expõe a mesma lógica. No caso francês, claro, é um ato oficial que conta com a conivência do povo, que queria ver a medida extrema ser adotada.

Outra particularidade que podemos extrair da análise de Foucault é a questão do mais forte: Ele assevera: "O suplício não restabelecia a justiça: reativava o poder" (FOUCAULT, 2014, p. 51). Que fique claro: não estamos tentando comparar o martírio cometido por razões de estado e que era previsto como uma forma de penalização, na Europa do século XVIII, a um crime bárbaro. O próprio filósofo adverte que "o suplício é uma técnica e não deve ser equiparado aos extremos de uma raiva sem lei [...]"

(FOUCAULT, 2014, p. 36). Essa pena obedecia a uma série de gradações que determinavam o número de açoites, em que parte do corpo seriam colocadas as brasas, tempo de agonia nos mais diferentes dispositivos etc. A analogia se faz, então, pela importância dada na ação que, no seu âmago, podem estar presentes em ambos os casos.

Ainda que não tenhamos, na fonte, as razões do crime, não é absurdo pensar que a condição de ex- escravizado tenha contribuído para a virulência do ato. Vale lembrar que estamos numa sociedade do Antigo Regime, marcada pelas relações aristocráticas. Nesse período histórico, o que vale mais são hierarquias sociais. Silvia Lara adverte que o crescimento do contingente de forros, no período setecentista, contribuía para uma crescente tensão social. Segundo ela:

> [...] as tensões se exprimiam de forma cada vez mais racializada: a discriminação contra os mulatos (forros e livres) se desenvolvia paralelamente à tendência de associar todos os pretos, pardos, mulatos e mestiços à escravidão..." (LARA, 2007, p. 269).

A territorialidade era tão marcante que, se o sacrílego conseguisse provar que o ato violento fora cometido para além dos limites sagrados, poderia livrar-se da acusação e, consequentemente, da pena. Nos anais da Cúria, encontramos fragmentos de um processo, lavrado em Itu, no interior da Capitania de São Paulo, no ano de 1765. Trata-se dos depoimentos de defesa, acusação e a sentença.

O réu era um homem chamado Valentim de Quadros Aranha. A denúncia que pesou contra ele foi um crime de sacrilégio cometido contra Antônio Fernandes da Cruz, de acordo com o histórico elaborado pela justiça episcopal. Cinco pessoas que depuseram contribuíram para a prisão de Valentim. As versões foram idênticas: o acusado teria mandado um escravizado de sua propriedade, por nome de Salvador, agredir um rapaz, chamado Valentim Queiróz. Ele havia chegado há pouco do Rio de Janeiro, e a investida ocorrera numa rua ao lado da Capela do Nosso Senhor Bom Jesus. Antônio Fernandes, amigo desse rapaz, foi defendê-lo e acabou agredido.

Entre os depoentes, estava Francisco da Cruz. Ele era tio da vítima, hospedava os rapazes na casa dele e foi quem acudiu Antônio Fernandes. É dele o relato mais detalhado e, obviamente, contra Valentim. As pancadas teriam sido dadas à noite, logo depois da oração. Ainda que de forma taxativa em acusar Valentim, ninguém soube dizer a causa da ofensiva.

No rol das testemunhas de defesa, mais cinco pessoas foram ouvidas. Além de afirmar que Valentim era pacífico e quieto e que as acusações só poderiam vir de inimigos, apresentaram uma razão no mínimo curiosa: para desqualificar a acusação de sacrilégio, alegaram que o lugar em que se deu a briga nada tinha de sagrado:

> [...] mas sim em um beco que passa diante da capela do senhor Bom Jesus, que serve de rua pública para correr bestas e todo mais se assistida público e nunca se tem aquele lugar por sagrado.

> [...] não é com efeito lugar sagrado, porém é público e notório que se fez em o beco que passa para a rua da palma, por onde costumam andar carros destes animais, como tal nunca foi tido e havido por lugar sagrado [...] (ACMSP, 1766, p. 19).

A linha de defesa ficou clara nesses relatos. Desclassificar a sacralidade do lugar retirava o crime do âmbito episcopal. E foi certeira: em outubro de 1766, o vigário capitular e cônego da Sé de São Paulo, Manuel José Vaz, expediu a sentença: por não constar ser no adro, Valentim foi absolvido. Muitos dos representantes dos réus sabiam os atalhos para evitar penas maiores, como prisão ou grandes multas pecuniárias.

A alusão à família também era uma delas. Mostrar que havia mulheres e crianças em desamparo era uma forma de buscar o perdão. A tática ficou clara em 1748, na cidade de Nazareth, hoje conhecida como Nazaré Paulista, no Vale do Paraíba. Estevão Ribeiro Maciel foi acusado de agredir o vigário da cidade. Na exposição do defensor, a referência aos parentes:

> [...] na prisão, pode, sendo os incômodos mulher e filhinhos experimentando os gastos desse livramento, pedindo esmolas, vendendo-se os bens, umas éguas, em todo o caso, assim diminuída a pena [...] pois no arbítrio [...] se haverá respeito à qualidade de pessoa que é de um rústico e ignorante, não foi agressor, espera o réu, ser absolvido, mandando-o soltar para acudir a pobreza e miséria de sua mulher e filhos [...] (ACMSP, 1749, p. 33).

Considerações finais

Depois da análise de 27 peças eclesiásticas inéditas de sacrilégio por efusão de sangue colhidas no Arquivo da Cúria Metropolitana, foi possível chegar a algumas conclusões, não só da atuação da Igreja no Bispado, como de algumas facetas do modo de vida na Capitania de São Paulo. As fontes confirmaram premissas que a historiografia sobre o século XVIII já tinha observado, mas também ilustraram novas situações. Em relação à justiça episcopal, vê-se claramente que, apesar do que determinava as *Constituições Primeiras do Arcebispado da Bahia*, havia um abrandamento de suas proposições de acordo com a realidade local, como já foi atestado por diversos historiadores. As defesas, na grande maioria das vezes, saíam vitoriosas em relação à promotoria. Os advogados esgotavam as possibilidades de justificativas, até que o réu obtivesse o perdão.

Nas Devassas – julgamentos com o rito mais rápido –, a prisão era quase sempre o desfecho. A partir daí, em geral, os réus seguiam para o livramento, e, no final dessa etapa mais longa da apuração, verificava-se a acomodação das penas. Uma ressalva se impõe: em nenhum dos documentos analisados houve quaisquer menções à terceira instância ou ao Santo Ofício. Os casos foram resolvidos, no máximo, pelo vigário geral, que ficava na sede do Bispado.

Foi possível aferir que as excomunhões eram importante arma na tentativa de corrigir a ação do faltoso. Elas estavam em praticamente todas as sentenças de sacrilégio por efusão de sangue. Num primeiro momento, parecia haver uma tentativa de dupla penalização do réu por parte dos juízes: no mundo material com prisões e multas pecuniárias, e no mundo espiritual, com o banimento do convívio religioso, que seria uma maldição por toda a eternidade. Entretanto, mesmo essa pena era flexibilizada, mais tarde, com a insistência da defesa.

As táticas de defesa eram muito claras e situavam-se em pontos sensíveis para a Igreja: uma delas era envolver as famílias dos acusados. As consequências das prisões, degredo ou multas pecuniárias, estender-se-iam aos parentes do condenado. Esposas doentes, filhos desamparados, cunhadas e irmãs que viviam agregadas à família seriam extremamente prejudicados com a ausência de quem os sustentava. A mudança da imagem do réu também era determinante para se alcançar a absolvição. Da devassa para o livramento, o acusado poderia passar de um homem frio e violento – retratado por testemunhas – para um fiel temente a Deus, pobre, franzino, com saúde debilitada e cuja ação não tivera a intenção de machucar ou ferir a vítima do sacrilégio.

É sobretudo por meio das testemunhas que o cotidiano da Capitania mostra traços. A imensa maioria dos depoentes era composta de homens que não tinham sido testemunhas oculares. Sabiam por ouvir dizer, mas, mesmo assim, seus relatos eram levados em conta no momento de se arbitrar a pena.

Percebem-se diferentes níveis de desenvolvimento a partir dos testemunhos. Os depoimentos deixam transparecer que comarcas como São Paulo, Itu e Sorocaba tinham mais movimento, comércio e circulação de pessoas. Certamente, pela primeira ser a sede administrativa, Itu, por estar próxima de centros produtores de açúcar, cujo incremento foi incentivado por Morgado de Mateus, depois da restauração da Capitania, e Sorocaba ser o ponto final de uma importante rota comercial de tropeiros que vinham da região de Viamão, no Sul da Colônia. Outras áreas como Atibaia, Guarulhos e Bragança denotavam um isolamento maior. Houve exemplos de testemunhas e réus que pediram para prestar depoimento nesses locais de origem em função da dificuldade de se chegar até a sede do Bispado, mesmo quando a apuração tinha chegado ao vigário geral.

As relações pessoais também são marcantes e mostram que um agressor poderia ser beneficiado a partir das oitivas de amigos e que a prática do sacrilégio representava a presença de sentimentos como a valentia e o destemor. O crime não deixava de ser uma demonstração de poder cometido no espaço mais importante da comunidade. É possível referir-se ao delito, também, como resultado de ações intempestivas; e como resultado de toda a sorte de pendências, mesmo os motivos mais insólitos, como o roubo de um chapéu. Por mais paradoxal que seja, o ato do sacrilégio não representa uma descrença. Ao contrário: seria como uma reverência; a certeza de que o templo e o adro seriam bons lugares para se obter respeito.

Referências

ACMSP. **Autos de Devassa**. Guarulhos. Autor: Reverendo Vigário da Vara de Guarulhos. Réus João da Cunha e Ângelo de Souza. 1752.

ACMSP. **Processo Crime de Sacrilégio**. Autor Juízo Eclesiástico. Réu Pedro Pinto do Rego. São Paulo, 1762.

ACMSP. **Processo de Sacrilégio**. Autor: Promotoria da Justiça Eclesiástica. Iguape, 1771.

ACMSP. **Processo de Sacrilégio**. Autor: Justiça Eclesiástica por uma afronta feita no adro da Igreja de Mogi Guaçu. Mogi Guaçu-SP, 1774.

ACMSP. **Auto de Devassa**. Autor: A Justiça Eclesiástica, p. 4. Taubaté-SP, 1748.

ACMSP. **Processo de Sacrilégio**. Autor: Promotoria da Justiça Eclesiástica. Santo Amaro, 1756.

ACMSP. **Processo de Sacrilégio**. Autor: Promotoria da Justiça Eclesiástica. Autos de Devassa. São Paulo, 1758.

ACMSP. **Autos de Libelo Crime**. Autor: A Justiça Eclesiástica e Valentim dos Quadros Aranha – réu. Itu-SP, 1766.

ACMSP. **Processo de Sacrilégio.** Autor: Justiça Eclesiástica. São Paulo, 1749.

BACELLAR, C. A. P. Uso e mau uso dos arquivos. *In*: PINSKY, C. B. (org.). Fontes históricas. São Paulo: Contexto, 2005. p. 23-79.

BACELLAR, C. A. P. **Viver e sobreviver em uma vila colonial:** Sorocaba, séculos XVIII e XIX. São Paulo: Annablume, 2001.

BARROS, J. A. **Fontes históricas**: introdução aos seus usos historiográficos. Petrópolis: Editora Vozes, 2019.

BECCARIA, C. **Dos delitos e das penas**. São Paulo: Rideel, 2003.

BENJAMIN, W. **Magia e técnica, arte e política:** obras escolhidas. São Paulo; Brasiliense, 2012.

BLOCH, M. **Apologia da história ou o ofício de historiador**. Rio de Janeiro: Zahar, 2001.

BLUTEAU, Raphael *et al*. Vocabulario Portuguez e latino (Volume 05: Letra L). **Biblioteca Digital Brasiliana**, 1713. p. 162. Disponível em: https://digital.bbm.usp.br/view/?45000008423&bbm/5413#page/6/mode/2up. Acesso em: 17 abr. 2023.

BOSCHI, C. C. As visitas diocesanas e a inquisição na colônia. **Revista Brasileira de História**, São Paulo, v. 7, n. 14, p. 151-184, 1987.

BOXER, C. R. **A igreja militante e a expansão ibérica (1440-1770)**. São Paulo: Companhia das Letras, 2007.

CERTEAU, M. de. **A escrita da história**. Rio de Janeiro: Forense Universitária, 2011.

CERTEAU, M. de. A invenção do cotidiano - artes de fazer. 2. ed. Petrópolis: Vozes, 1996.

DEL PRIORE, M. **Festas e utopias no Brasil colonial**. São Paulo: Editora Brasiliense, 1994.

DELUMEAU, J. **A civilização do Renascimento**. Trad. Pedro Elói Duarte. Lisboa: Edições 70, 2004.

DIAS, M. O. L. S.; BOSI, E. **Quotidiano e poder em São Paulo no século XIX**. São Paulo: Brasiliense, 1995.

FEITLER, B. Quando chegou Trento ao Brasil? **Mélanges de l'Ecole française de Rome**, Roma, v. 121, n. 1, p. 63-73, 2009.

FEITLER, B.; SOUZA, E. S. **A Igreja no Brasil:** Normas e práticas durante a vigência das Constituições Primeiras do Arcebispado da Bahia. São Paulo: Editora Unifesp, 2011.

FLEXOR, M. H. O. O Concílio de Trento e as Constituições Primeiras do Acerbispado da Bahia. **Imagem Brasileira**, Belo Horizonte, n. 9, p. 41, 2020.

FOUCAULT, M. **Vigiar e Punir:** nascimento da prisão. Petrópolis: Editora Vozes, 2014.

FRANCO, M. S. de C. **Homens livres na ordem escravocrata**. São Paulo: Editora Unesp, 1997.

GOLDSCHMIDT, E. M. R. **Convivendo com o pecado na sociedade colonial paulista, 1719-1822**. São Paulo: Annablume, 1998.

HELLER, A. **O cotidiano e a história**. São Paulo: Editora Paz e Terra, 1992.

HESPANHA, A. M. Como os juristas viam o mundo, **1550-1750**. Direitos, estados, pessoas, coisas, contratos, ações e crimes. Lisboa, 2015.

LARA, S. H. **Fragmentos setecentistas:** escravidão, cultura e poder na América portuguesa. São Paulo: Companhia das Letras, 2007.

LE GOFF, J. **História e Memória**. Campinas: Ed. Unicamp, 1990. p. 536.

LIMA, L. L. da G. As Constituições da Bahia e a Reforma Tridentina do Clero no Brasil. *In*: FEITLER, B.; SOUZA, E. S. (org.). **A Igreja no Brasil:** Normas e Práticas durante a Vigência das Constituições Primeiras do Arcebispado da Bahia. São Paulo: Editora Unifesp, 2011. p. 147-177.

LONDOÑO, F. T. **A outra família:** concubinato, Igreia e escândalo na colônia. São Paulo: Edições Loyola, 1999.

MATTOSO, J.; HESPANHA, A. M. **História de Portugal:** o Antigo regime (1620-1807). Lisboa: Editorial Estampa, 1997.

MOTT, L. Paulistas e colonos de São Paulo nas garras da inquisição portuguesa. **Revista USP**, São Paulo, n. 45, p. 116-128, 2000.

MUNIZ, P. G. M..; DE MATTOS, Y. Vigiar a ortodoxia: limites e complementaridade entre a justiça eclesiástica e a Inquisição na América portuguesa. **Revista de história**, São Paulo, n. 171, p. 287-316, 2014.

PAIVA, J. P. A recepção e aplicação do Concílio de Trento em Portugal: novos problemas, novas perspectivas. *In*: GOUVEIA, A. C.; BARBOSA, D. S.; PAIVA, J. P. (coord.) **O Concílio de Trento em Portugal e nas suas conquistas:** Olhares novos. Lisboa: Centro de Estudos de História Religiosa, 2014. p. 1-215.

PAIVA, J. P. **Baluartes da fé e da disciplina**: o enlace entre a Inquisição e os bispos em Portugal: 1536-1750. Coimbra: Imprensa da Universidade de Coimbra/ Coimbra University Press, 2011.

PEREIRA, A. M. S. Terceira visitação do Santo Ofício às partes do Brasil. Capitanias do Sul, 1627-1628. **Politeia-História e Sociedade**, v. 11, n. 1, 2011.

PRODI, P. **Il paradigma tridentino:** un'epoca dela storia dela Chiesa. Brescia: Morcelliana, 2010.

RESENDE, M. L. C. de; JANUÁRIO, M. A.; TURCHETTI, N. G.. De jure sacro: a inquisição nas vilas d'El Rei. **Varia Historia**, v. 27, p. 339-359, 2011.

RODRIGUES, I. M. de. Visitações eclesiásticas em Mariana – Século XVIII. **Revista Eletrônica de História do Brasil**, Juiz de Fora v. 9, n. 2, p. 77, 2007.

SCHWARTZ, S. **Cada um na sua lei:** tolerância religiosa e salvação no mundo atlântico ibérico. São Paulo: Companhia das Letras, 2009.

SILVA, A. M. **Diccionario da lingua portuguesa**. Lisboa: Typographia Lacerdina, 1813. Disponível em: http://dicionarios.bbm.usp.br/pt-br/dicionario/. Acesso em: 18 abr. 2023.

SILVA, M. B. N. da (org.). **História de São Paulo Colonial**. São Paulo: Editora UNESP, 2009.

SOUZA, E. S. A construção de uma cristandade tridentina na América portuguesa (séculos XVI e XVII). *In*: GOUVEIA, A. C.; BARBOSA, D. S.; PAIVA, J. P. (coord.). **O Concílio de Trento em Portugal e nas suas conquistas:** Olhares novos. Lisboa: Centro de Estudos de História Religiosa da Universidade Católica Portuguesa, 2014. p. 175-195.

SOUZA, L. de M. **Inferno atlântico: demonologia e colonização**: séculos XVI-XVIII. 1993.

VAINFAS, R. Trópico **dos pecados:** Moral, sexualidade e inquisição no Brasil. Rio de Janeiro: Civilização Brasileira, 2010.

VASCONCELLOS, D. **História da Civilização Mineira:** Bispado de Mariana. Belo Horizonte: Autêntica Editora, 2014.

VIDE, S. M. da. **Constituições Primeiras do Arcebispado da Bahia**. Bahia: Typhographia Antonio Louzada Antunes, 1853.

WERNET, A. Vida Religiosa em São Paulo: do Colégio dos Jesuítas à diversificação de cultos e crenças (1554-1954). *In*: PORTA, P. (org.). **A História da Cidade de São Paulo**. Vol 1: a cidade colonial. São Paulo: Paz e Terra, 2004. p. 191-243.

ZANON, D. As indulgências e as devoções aos santos em São Paulo no século XVIII. *In:* ENCONTRO REGIONAL DE HISTÓRIA – O HISTORIADOR E SEU TEMPO, 28., 2006. **Anais** [...]. Assis-SP: ANPUH/SP, 2006.

Capítulo 3

QUINTAIS PAULISTANOS: ESPAÇOS DE MEMÓRIA ENTRE NATUREZA E URBANIDADE

Amilcar Torrão Filho
Bianca Melzi Lucchesi

Topografia afetiva dos quintais

Em uma cidade cada vez mais verticalizada como a São Paulo do século XXI, com terrenos cada vez mais escassos e valorizados, objeto de uma intensa especulação imobiliária, que passa por um processo de fortificação a partir dos anos 1970, o que Teresa Caldeira chama de cidade de muros, "com uma população obcecada por segurança e discriminação social" (CALDEIRA, 2003, p. 231), os quintais ficaram, para a maior parte dos moradores, como uma recordação da infância ou reminiscência das casas dos avós. Hoje, nas redes sociais, fotógrafos que recuperam imagens das casas baixas e dos sobrados com os indefectíveis quintais de caquinhos têm um grande êxito com um público ávido por recordações da infância e de uma cidade que vai desaparecendo. Esse espaço tem um caráter afetivo e lúdico, pelas atividades que se desenvolviam nele, de ócio, lazer, brincadeiras infantis. Nas lembranças de velhos, recolhidas por Ecléa Bosi nos anos 1980, chama a atenção a onipresença dos quintais. O senhor Amadeu, nascido em 1906, ressalta que, apesar de sua aposentadoria parca, ele paga o aluguel da casa onde vive "porque tem um quintal gostoso para os netos, árvores" (BOSI, 1987, p. 100). A maioria da população de São Paulo vive hoje em apartamentos ou casas fortificadas com altos portões e terrenos impermeáveis, nos quais cada espaço construído é valioso. Os quintais, sobretudo aqueles com árvores, jardins, hortas ou animais, são raros, um lugar de memória que tem cada vez menos suportes físicos. A moradia é muito mais segregada, atomizada, e os espaços de habitação, desconectados da rua e da vida comunitária ou coletiva.

O desaparecimento dos quintais representa uma mudança na forma de morar dos paulistanos, e essa mudança é resultado de uma transformação da sociedade. A segregação por bairros, na qual as classes médias e altas viviam nos bairros centrais enquanto as classes mais baixas viviam em residências autoconstruídos nas periferias mais distantes, que perdura até os anos 1980, é substituída por uma maior proximidade, com habitações pobres e precárias coexistindo com condomínios de luxo, mas separados por muros e tecnologias de segurança e segregação.

> Assim, os enclaves fortificados – prédios de apartamentos, condomínios fechados, conjuntos de escritórios ou shopping centers – constituem o cerne de uma nova maneira de organizar a segregação, a discriminação social e a reestruturação econômica de São Paulo (CALDEIRA, 2003, p. 255).

Dessa forma, os quintais com jardins ou caquinhos vermelhos vão dando lugar a garagens, as quais vão sendo cobertas e fechadas com muros e portões altos, ao mesmo tempo que as casas unifamiliares que ainda possuem grandes terrenos livres são demolidas e substituídas por edifícios e empreendimentos de moradia coletiva. As casas perdem espaço para os carros, perdem iluminação natural pelos muros, ganham barras de proteção nas janelas que emolduram uma paisagem inóspita, perdem os seus quintais: temos a "transformação da casa numa prisão" (CALDEIRA, 2003, p. 193). O desaparecimento dos quintais representa o desaparecimento de uma forma de vida urbana que acompanhou a cidade de São Paulo praticamente desde a sua fundação.

A partir da segunda metade do século XIX, a capital passa por transformações estruturais e paisagísticas, oriundas do aumento populacional que se dá no mesmo período. O café produzido entre 1850 e 1860 ganha cada vez mais adeptos no mercado internacional, proporcionando não só o aumento da área paulista de cultivo, como mudanças em diversos setores que influenciam e são influenciados pelo sucesso da cafeicultura. O destaque agroexportador fez da capital paulista um centro financeiro que, como tal, deveria desvencilhar-se das antigas estruturas coloniais (CAMPOS, 2015, p. 20). Nesse sentido, São Paulo experimenta, a partir de 1870, uma série de avanços técnicos, como a construção da ferrovia e o loteamento de chácaras localizadas nos arredores paulistanos (PORTO, 1992, p. 78). O aumento populacional também é uma consequência desse movimento e se expressa na vinda de ex-escravizados, imigrantes e fazendeiros que estabelecem residência na cidade, bem como na ocupação da população pobre, operária, de trabalhadores autônomos nas áreas próximas ao centro de São Paulo. Tal movimento foi algo crescente nesse período e contribuiu para que as características urbanas tomassem cada vez mais espaço na capital. Os melhoramentos[17] urbanos ligados à cafeicultura possuíam forte apelo estético, mas, além de modernizar os serviços e a paisagem paulistana, pretendiam também tornar mais eficientes as condições de salubridade.

Neste contexto, no cenário paulistano começa um processo de mudança que mistura urbano e rural em suas ruas e em seus espaços privados ou domésticos, incluindo os quintais. Sendo parte integrante da casa, o termo quintal é oriundo da palavra "quinta" e, fazendo referência à sua raiz etimológica, surgiu para especificar uma pequena parcela de terreno localizada atrás e/ou na lateral da casa, sendo comumente ocupada com elementos naturais como pomares e hortas. Historicamente, atribui-se às habitações romanas chamadas de "domus" os primeiros indícios de quintais nesta configuração tradicional, em que o fundo do lote, após o espaço do átrio, possuía uma área arborizada, de uso privativo (MENESES, 2015, p. 70). Na arquitetura hispânica, a existência de pátios internos é uma influência moura. De forma paradoxal, estando no limite do terreno habitacional, os quintais seriam uma representação gradiente de público e privado, possivelmente com reminiscências da convivialidade restritiva de raiz muçulmana.[18] Já na virada do século XX, nas casas de classe média, o portão separava o espaço público do privado, e o quintal delimitava a área de utilidades e serviços não competentes ao interior da residência, mas imprescindíveis ao abastecimento e conforto dos moradores. Ali ficavam os rebanhos, o chafariz, as dependências da varanda, a fumaça da cozinha (LEMOS, 1989). Maria Paes de Barros, nascida em 1851, recorda, em suas memórias, que o palacete paterno na Rua de São João tinha, em seu quin-

---

[17] Atentando para o significado da palavra *melhoramentos*, tratada por Stella Bresciani como um "lugar-comum", que permite genericamente o lançamento de diferentes opiniões com a ideia de acréscimo positivo àquilo que se refere, ou metáfora que articula uma representação. Justifico que a palavra *melhoramentos* está aqui compreendida na noção sanitária e estética da década de 1870, que inclui medidas de higiene, abastecimento de água, instalação de rede de esgotos, comunicação territorial, ou seja, na imagem projetada da cidade boa, moderna segundo os preceitos higienistas. Melhoramentos, portanto, resume os planos especializados para a cidade, as intervenções técnicas e políticas feitas ou que se pretende fazer em qualquer cidade que se quer moderna (BRESCIANI, 2001).

[18] A própria palavra quintal é de origem árabe, vem de *quintar*, que corresponde a uma antiga unidade de medida de peso equivalente a quatro arrobas (aproximadamente, 60kg). O uso do termo quintal como unidade de medida é amplamente utilizado nos informativos econômicos do Correio Paulistano por volta de 1900. As contribuições do léxico árabe na língua portuguesa vêm da inclusão de vocabulário inexistente no português para definir saberes, costumes, objetos e técnicas introduzidos pelos árabes (SEBBA, QUINTELA, 1989).

tal, "uma fonte abundante, cuja água encanada vertia sobre um pequeno tanque. Era o domínio das lavadeiras. Ali sobre o enorme banco, batia-se toda a roupa da casa" (PAES DE BARROS, 1998, p. 32). A autora se queixa da perda dessa fonte e sua substituição pela água encanada e clorada, um progresso não sonhado nem desejado pela memorialista.

O quintal separa os lugares de residência e produção dentro da moradia em função da presença de elementos representativos da esfera urbana e rural que o compõem (TOURINHO; SILVA, 2016). Historicamente, os quintais foram ligados às atividades de uma sociedade agrícola que, trasladada para o meio urbano, reproduziu ali práticas rurais referentes, principalmente, à alimentação. Até a metade do século XX, era muito comum nos quintais a criação de animais com intuito de complementar as refeições. Não só animais, mas também frutas, verduras e tubérculos eram cultivados nos quintais paulistanos, dando um teor caipira à metrópole (RODRIGUES, 2011). Tratando da legislação do Antigo Regime com respeito às cidades, o engenheiro Francisco de Paula Andrade ressalta uma questão importante sobre as relações entre urbano e rural nos espaços urbanos antigos. Diz ele que a conceituação moderna urbano-rural:

> [...] baseada na situação do imóvel quanto à sua localização em perímetros arbitrariamente determinados, não encontra correspondência na classificação antiga – "praedia urbana" e "praedia rustica" – porque tal qualificação independia de sua localização, estando adstrita unicamente à sua função utilitária (ANDRADE, 1966, p. 63).

É o uso, e não a localização, que define o caráter urbano ou rural das edificações, pois esses usos estão misturados nas cidades até há muito pouco tempo. Assim, os quintais se apresentam como lugar onde se pode pensar a relação sociedade-natureza dentro do espaço urbano, ainda que a própria historiografia referente à cidade, por vezes, não contemple esse universo rural que abasteceu e movimentou a cidade até a segunda metade do século XIX e cujas reminiscências atravessaram todo o século XX.

Os quintais urbanos, apesar de menores, possuíam espaço para alguma árvore frutífera e criação doméstica de animais, além de terem, em geral, uma construção ao longo do muro servindo como depósito, despensa ou galinheiro (LEMOS, 1978). O quintal do comendador Souza Barros, pai de Maria Paes de Barros, tinha até mesmo uma grande estufa de vidro na qual "cultivavam-se as melhores qualidades de uvas de Portugal" (PAES DE BARROS, 1998, p. 24).

HISTÓRIA E CIDADES

Já entrado o século XX, as uvas, todavia povoam os quintais paulistanos. Nas lembranças de Dona Lavínia, nascida em 1897, ela recorda que, em sua casa da Alameda Barros, o quintal tinha uvas enxertadas por um jardineiro português, das cepas Niágara e Jefferson, onde chegaram a colher 85 quilos de uvas (BOSI, 1987). Dona Brites, irmã de dona Lavínia, nascida em 1903, recorda da mesma casa onde nasceu, espontaneamente em meio ao jardim, uma jabuticabeira, além de uma parreira no fundo do quintal, "onde papai colhia oitenta quilos de uva, fora o que comíamos no pé" (BOSI, 1987, p. 233). A frutas parecem estar presentes em todos os quintais de São Paulo: o senhor Ariosto, nascido em 1900, tinha em sua casa, na região da Avenida Paulista, um quintal "com pé de laranja, mixirica [sic.], ameixa e abacate" (BOSI, 1987, p. 103). Em outra casa na Rua das Carmelitas, na Mooca, o quintal era pequeno e só permitia que sua mãe plantasse flores e tomates (BOSI, 1987, p. 110). No quintal de dona Alice, à Rua Jeronimo de Albuquerque, em meio às flores, havia "um pé de fruta-do-conde" (BOSI, 1987, p. 68).

Toda casa deveria ter espaço livre de circulação e iluminação, de acordo com os preceitos higienistas. Esse espaço está associado normalmente ao fundo do lote, mas, no final do século XIX, essa era uma área comumente destinada a algum tipo de cultivo ou criação rural. Pensando a construção e reinvenção da cidade como processo, tais práticas não foram abolidas com a urbanização que se desenvolveu no século seguinte ou com as leis que paulatinamente diminuíram a presença animal nas ruas e nos lares paulistanos, tornando coexistentes práticas de tempos distintos que acabaram por caracterizar esse tempo da cidade. Aos poucos, o estábulo deu lugar à garagem, a varanda dentro de casa à sala de jantar, e o quintal destinado às hortas ou criação de animais perdeu esta exclusividade, mas sem que a população deixasse de lado a prática do plantio de árvores frutíferas (GENNARI, 2017). O senhor Antônio, nascido em 1904, se lembra de sua casa à Rua Fortaleza, na Bela Vista, que tinha "quintal, onde criávamos galinhas, e porão". Em outra casa, à Rua Conselheiro Ramalho, o quintal era grande e seu pai plantava milho (BOSI, 1987, p. 168-169). A citada dona Lavínia recorda sua primeira casa em São Paulo, no Largo Treze de Maio. "A casa era simples, modesta, meus pais eram de família pobre mas gostavam de bastante quintal; lá nos fundos tínhamos uma cabra para dar leite" (BOSI, 1987, p. 204). E o senhor Ariosto criava pombos no quintal grande da casa da Rua Rêgo Freitas (BOSI, 1987, p. 119). Esse espaço era aproveitado para todas as produções que seu tamanho permitisse, auxiliando e diversificando a alimentação das famílias, com frutos, ervas, animais, legumes. No enorme quintal da Rua Clementino, onde morou Jacob Penteado, havia ervas de cheiro plantadas pelo antigo morador, um jardineiro italiano: "alecrim, hortelã-pimenta, sálvia, manjerona [sic.], erva-doce, malva-rosa, etc., além de plantas medicinais: arruda, quebra-pedra, guaco, losna, manjericão, poejo, poaia, camomila, samambaia, erva-cidreira, guiné e outras"; além de uma horta variada: "couve cebolinha, alho, salsa, salsão, cenoura, rabanete e alface", bem como galinhas, porquinhos da Índia e coelhos (PENTEADO, 2003, p. 90-91).

Temos frutas, ervas, plantações, animais, poços de água e flores, muitas flores. Os jardins parecem uma zona de transição entre a horta e o pomar, que alimentam e permitem uma economia na compra de víveres, e um espaço de lazer e fruição. As flores, por vezes, ultrapassavam o espaço destinado ao quintal; na casa de dona Alice, na Jerônimo de Albuquerque, havia roseiras, além de um:

> [...] portãozinho com uma trepadeira de jasmim brilhante e à noite, quem passava, sentia um perfume... A trepadeira cresceu até a janela do meu quarto. Pegado à parede eu tinha o jasmim de Barcelona que dava como uma rosinha. O pai de nosso vizinho, toda vez que saía, colhia um para pôr na lapela (BOSI, 1987, p. 68).

A mãe do senhor Ariosto "gostava muito de flores e plantava rosas, margaridas, violetas. Todo dia de manhã cedo ia regar as flores com seu regadorzinho. E eu ia atrás dela" (BOSI, 1987, p. 102). No quintal de Jacob Penteado, o jardineiro italiano deixou, para deleite de sua mãe, toda sorte de flores:

> [...] rosas de todas as cores, cada qual mais bela; dálias multicores, enormes, cravos, cravinas, brincos-de-princesa, camélias, damas da noite, sempre-vivas, amores-perfeitos, girassóis, violetas, begônias, saudades, jasmins, palmas de Santa Rita etc. (PENTEADO, 2003, p. 90).

Mas o jardim que parece ter deixado mais lembranças e mais marcas afetivas foi o de dona Brites, na casa da alameda Barros. Vale a pena reproduzir o longo trecho da entrevista:

> Ela [a casa] tinha um jardim do lado, muito lindo; na porta do terraço, uma roseira vermelha que viveu mais de quarenta anos. Subindo pela grade do terraço tínhamos uma roseira 'furibunda' de cachos cor-de-rosa, e no fundo, fechando o

HISTÓRIA E CIDADES

> terraço, tínhamos o jasmim de Itália [...]. Num canteirinho estreito tinha uma azaleia e um brinco-de-princesa dobrado. O canteiro alargava, rodeando o terraço, e aí tinha uma trombeta cor-de-rosa. E begônias, hortênsias. No fundo, um arco formado pela roseira 'furibunda' e uma roseira de botão branco. Na ponta do canteiro, um arbusto que nunca mais eu vi: frangipânio, é uma espiguinha de flor miúda que embalsamava o jardim. Mamãe também plantava flores efêmeras, ranúnculos, flocos [...]. No segundo canteiro tinha um pé de camélia que também viveu quarenta anos. Quando demoliram a casa, já faz vinte anos, chamei um jardineiro e mandei tirar o pé de camélia. Ele tirou com um pião enorme, precisou uma carroça para levar a camélia, mas ela não aguentou o transplante. (BOSI, 1987, p. 233).

Há uma topografia afetiva marcada pelas cores e pelos perfumes das flores, o trabalho diário de plantar, regar, transferir que aparece em todas as entrevistas de Ecléa Boi e em diversos memorialistas, mas que tem um caráter de epifania na entrevista de dona Brites. Uma memória tão forte que ela tenta arrancá-la e levar consigo, mas sua camélia estava demasiada presa àquele quintal para sobreviver fora dele. Sua irmã Lavínia é mais concisa, mas igualmente contundente:

> Uma escada em curva subia para o terraço com um jasmim de Itália e uma roseira, que no último ano de vida deu rosas demais – como na vida de alguns homens – e tapou o terraço de flores. No fim do ano a roseira morreu. Morreu com meu irmão Chico (BOSI, 1987, p. 208).

Chama a atenção o espaço que os quintais tomam nessas memórias em comparação com as descrições mais sucintas dos outros cômodos. Ao apresentar as diversas casas onde moraram, sempre se inicia dizendo se tinha ou não quintal, se era grande ou pequeno, como a casa do senhor Abel, nascido em 1903, que, "a despeito de ser muito grande, não tinha quintal" (BOSI, 1987, p. 130). O quintal é o núcleo das memorias afetivas das casas e da infância desses rememoradores.

Cidade e Natureza

Não só por uma questão estrutural, mas também a forma como os quintais influenciam na sociabilidade de seus moradores e na dinâmica da cidade em transformação, faz com que questões ambientais e urbanas estejam presentes na análise dos documentos e no desenrolar deste estudo que se debruça sobre os quintais. Os dois campos de análise – história ambiental e urbana – unem-se na cidade por meio dos saberes técnicos, projetos e forças políticas que buscam uma cidade mais moderna e salubre. Para Cerasoli, é justamente a dimensão política tensa e participativa por trás das intervenções técnicas que garantem a existência da chamada história ambiental urbana (CERASOLI, 2015). Nesse direcionamento, a proposta aqui é entender a complexidade que reside na coexistência entre rural e urbano do ponto de vista da formação territorial da cidade, da dinâmica social de seus habitantes.

O urbanismo, a arquitetura e os mecanismos visuais submetem-se ao capital e tornam o espaço urbano efêmero (MOYA PELLITERO, 2011, p. 228), ou seja, a busca pelo consumo e pelo progresso construíram uma cidade em constante transição. No Brás, no Anhangabaú e na Santa Ifigênia, onde até meados do século XIX havia apenas chácaras com plantações de hortaliças, frutas e chás, começa a abertura de ruas públicas, mas ainda com feições de estradas, contendo casas muito isoladas e normalmente destinadas à população pobre ou repúblicas estudantis. Na década de 1870, o urbano ultrapassa o traçado geográfico do triângulo. Entram no alinhamento bairros industriais, como Brás e Mooca, áreas antes tidas como adjacentes nas quais predominavam chácaras e edificações irregulares. Alarga-se e alinha-se o traçado dos caminhos agregando áreas rurais ao urbano no processo de transformação da paisagem e das funções da cidade, unindo os sentidos de belo e prático do modelo progressista de urbanismo eluci-dado por Françoise Choay (CHOAY, 2010). Colaboram para esse cenário a iluminação a gás e posteriormente elétrica, a rede de esgoto e outras obras de infraestrutura em desenvolvimento nesse período. Esse movimento transitório de composição da cidade engloba também o fluxo de pessoas e evidencia-se na agitação da área do triângulo, com grande circulação de comerciantes e transeuntes, além do aparecimento do bonde e, depois, de carros que por ali também circulam (BRESCIANI, 1999).

Apesar de grandes e significativas, as mudanças estéticas e culturais são gradativas na cidade. Até 1872, muitas chácaras se mantiveram em pé nos bairros de Santa Ifigênia, Bom Retiro, Brás, Consolação, Liberdade, Cambuci, Mooca, Pari, Barra Funda, Água Branca, Higienópolis e Vila Buarque (BRUNO, 1984). No início do período cafeeiro, morar em grandes residências isoladas significava morar em chácaras. Mesmo na parte "nova" da cidade, região entre os bairros da Luz e Santa Ifigênia, a opção da classe alta eram os casarões neoclássicos, muitas vezes, sem nenhum jardim lateral, apenas quintais arborizados. Afonso Schmidt registra em suas memórias a natureza presente em São Paulo em fins do XIX:

> Da Rua Bresser para cima escasseavam as casas. Surgiam as chácaras tradicionais, grandes como sítios. E ali pelo Tatuapé era campo. Até a Penha, os trens da Central cortavam capoeiras, bosques e riachos. Na Quarta e na Quinta Parada, só havia barba-de-bode e cupim. (SCHMIDT, 1954, p. 9).

A revalorização de espaços naturais na cidade acontece de acordo com as transformações oriundas do processo de modernização de São Paulo, como o aumento populacional, a poluição gerada pela crescente atividade industrial, a diminuição das áreas rurais e a abertura de pontos de encontro que disseminem um padrão civilizado de comportamento. Resgatando a história das relações entre a sociedade britânica e a natureza, Keith Thomas analisa e explica esse processo de ressignificação do "selvagem" no meio urbano, que pode ser atribuído ao contexto paulistano de final do século XIX e começo do XX. Até o século XVII, as florestas eram vistas com maus olhos por fornecerem refúgio aos foras da lei e base para criminosos de alta periculosidade. Sendo lugar de rusticidade e perigo, sua superação simbolizava o triunfo da civilização (THOMAS, 2010). A partir do século seguinte, esse cenário muda com o avanço da modernidade e as consequências socioambientais do crescimento urbano, populacional e industrial. De acordo com Thomas:

> [...] uma combinação de voga literária e fatos sociais criara genuína tensão entre o infatigável progresso da urbanização e o anseio rural a que um número crescente de pessoas estava sujeito. Tais anelos indicavam claramente que não eram poucos os que entendiam que, embora o mundo da natureza devesse ser domesticado, não devia ser completamente dominado e suprimido. (THOMAS, 2010, p. 359).

Já no século XIX, um novo ideário sobre a paisagem firmara-se: os citadinos apreciavam o cenário selvagem pela fuga que este proporcionava dos barulhos oriundos das cidades e das fábricas. Essas sensibilidades foram satisfeitas com a criação de parques e jardins que funcionavam como "oásis artificiais ou vislumbres de um mundo idealizado, cuja própria existência sublinhava sua oposição fundamental com os valores essenciais da sociedade em seu cotidiano." (THOMAS, 2010, p. 406).

A imagem da cidade de São Paulo mescla natureza e urbanidade ressaltando a capacidade e habilidade de transformação da paisagem por seus habitantes, expressa na abertura de bairros, caminhos e superação de obstáculos. A reformulação e o aumento do Jardim da Luz trazem em si a preocupação sanitária presente em todos os projetos de praças e jardins da cidade: a necessidade de purificar o ar e permitir a abertura de espaço para sua livre circulação.

Figura 1 – Jardim da Luz – Gaensly, Guilherme (1902)

Fonte: Brasiliana fotográfica. Acervo fotográfico da Biblioteca Nacional

São Paulo é, portanto, o espaço onde se evidencia a domesticação da natureza por seus habitantes (BRESCIANI, 1999, p. 20). Nesse sentido, o rural ainda tem importância para manter o status econômico atribuído à cidade, mesmo que seja na perspectiva de ser dominado, e não contemplado. Os limites entre urbano e rural nunca foram muito bem definidos, tornam-se ainda menos nítidos. O que ocorre não é uma "tomada" do urbano sobre as áreas rurais de São Paulo, mas um hibridismo que permite ao progresso vigorar na cidade por meio de costumes e modos de sobrevivência construídos na ruralidade.[19]

---

[19] Há uma ideia destrutora da natureza formulada por ambientalistas e historiadores. Nesse sentido, o crescimento urbano seria uma doença que ataca a natureza "sã e indefesa". Essa visão antiurbana atribui um papel maléfico às

HISTÓRIA E CIDADES

Juntamente com o crescimento urbano e as novas formas de habitar e circular pela cidade, permaneciam elementos e costumes ligados ao suposto atraso da natureza. O divertimento infantil ainda estava ligado aos animais, à terra, aos rios e árvores frutíferas. Não eram apenas nos bairros operários e populares onde os quintais e espaços naturais eram uma fonte de divertimentos infantis. Nas memórias de Maria Paes de Barros, uma boa parte da vida e das atividades infantis da enorme prole do comendador Souza Barros dava-se no quintal da casa. Educados em casa por uma governanta alemã, os Souza Barros faziam seu recreio no quintal; a pequena narradora "descia a escada, tomando na sala de jantar o seu pão com manteiga, para comê-lo no alto da enorme pitangueira que crescia no fundo do quintal" (PAES DE BARROS, 1998, p. 15). Esse espaço aberto e cheio de árvores frutíferas é um território de liberdade infantil para a autora, no qual "gozavam da mais ampla liberdade. Era ali o recreio e deleite da criançada" (PAES DE BARROS, 1998, p. 39). Era o espaço de desfrutar das férias quando a família não estava em sua fazenda, "trepando nas árvores e revistando as pereiras e figueiras, cujos frutos começavam a amadurecer" (PAES DE BARROS, 1998, p. 118). Era o território das distrações infantis para ela e seus irmãos; ali "apostavam corridas, trepavam nas árvores, pulavam corda, até se acenderem as primeiras luzes da sala, sinal obrigatório de entrada" (PAES DE BARROS, 1998, p. 56). Além de ser espaço de abrigo e refúgio de fugitivos, quando se recebia a notícia de chegada do dentista, que provocava uma debandada: "Iam uns para o fundo do quintal, subindo ao cimo das árvores; outros escondiam-se no grande capinzal da cocheira; os menorzinhos debaixo das camas" (PAES DE BARROS, 1998, p. 53). Para as crianças de diversas condições sociais, os quintais eram espaços de múltiplas experiências, sobretudo experiências lúdicas sensoriais, cheios de cores, odores e texturas, além de um excelente campo de fuga. No entanto, nem todas as experiências dos quintais eram lúdicas. Dona Risoleta, nascida em 1900, recorda que, toda manhã, depois de comer, "cada um tinha sua obrigação. Um ia varrer o quintal, outro ia tratar de galinha, outro ia tratar de porco. Quando chegava sete e meia, oito horas, a gente saía, ia trabalhar na casa dos patrões" (BOSI, 1987, p. 300).

---

cidades, que degradam o meio ambiente e as relações sociais e humanas que ali acontecem. Assim, a destruição do ambiente torna-se característica inerente às sociedades urbanizadas e industrializadas. O historiador ressalta que o caráter "natural" da natureza é, na verdade, uma construção histórica pautada na ausência de "civilização". Os conquistadores da América, por exemplo, ao descreverem a paisagem do Novo Mundo, tinham por filtro e parâmetro sua própria sensibilidade e linguagem historicamente construídas (TORRÃO FILHO, 2007).

Figura 2 – Vale do Anhangabaú – vista do bairro da Bela Vista, a partir do Viaduto do Chá. Pastore, Vicenzo (1911)

Fonte: Brasiliana fotográfica. Acervo fotográfico do Instituto Moreira Sales

Jacob Penteado, narra um episódio interessante envolvendo os quintais urbanos das imediações da Avenida Celso Garcia, parte povoada do Belenzinho vizinha ao matagal que seguia em direção ao Tatuapé. Com certo teor de aventura, o memorialista destaca que, vez ou outra, os moradores eram surpreendidos com a invasão de animais nos quintais das casas que faziam divisa com áreas plantadas. O caso retratado conta que um felino apareceu em um desses quintais e se escondeu atrás de uma mangueira. Ninguém na vizinhança tinha coragem de chegar perto. Um Coronel, que passava e viu o aglomerado de pessoas, entrou para ver o que acontecia. Ao mirar o problema atrás da mangueira, acertou o felino com um tiro de revólver. O bicho que caiu morto não era uma onça, como pensava a maioria estremecida, mas um maracajá, ou gato do mato (PENTEADO, 2003). De acordo com Ernani Silva Bruno, a expansão da área urbana da cidade desenvolveu-se apenas em algumas direções, de modo que áreas de mata e chácaras permaneceram encostadas ao núcleo central (BRUNO, 1984), prolongando hábitos e situações típicas da cidade rural.

A geração que vivenciou a Proclamação da República no Brasil, o despertar da industrialização, a chegada dos imigrantes, a abertura de cafés e confeitarias, a criação da linha telefônica, entre outras experiências que representam o progresso, também é a geração das mangueiras e goiabeiras presentes nos quintais, do barulho de cavalos trotando nas ruas, dos "pregões" de vendedores ambulantes (TOURINHO; SILVA, 2016, p. 643). Os quintais traziam exemplares singulares da presença rural na capital paulista, como a presença de sapos, destacada por Antonio Egydio Martins, a partir de um trecho da *Revista do Centro de Ciências, Letras e Artes*, publicada em 1903:

> As noites eram, pois, trevosas, quando não havia lua, acontecendo algumas vezes pisar-se em sapos, que, ocultos durante o dia nos quintais, de noite vinham para a rua tratar da vida, saindo pelos canos de esgotos das águas pluviais. Miríades desses batráquios povoavam o Anhangabaú e, do outro lado, o Tamanduateí. E os charcos de suas várzeas, e quem, nas noites de calor, estacionasse nas pontes do Lorena, Acu e do Carmo, ouvia sua tristonha e variegada orquestra, não sem encanto para quem é propenso à melancolia. (MARTINS, 2003, p. 454).

Os ruídos dos animais no quintal são evidenciados no registro de outro memorialista, Afonso Schmidt, que referencia os barulhos da cidade ao tempo percorrido ao longo do dia. Nessa analogia, os "barulhos" rurais sobressaem ao cair da noite. Conforme descrito por Schmidt:

> Quando ela [Dona Senhorinha] dormia, além desses descantes vadios, embalavam-na a orquestra cigana de rãs, dos grilos, do vento da várzea a assobiar nos beirais e o miudar dos galos, que ainda os havia gordos e líricos em todos os quintais. (SCHMIDT, 1954, p. 99).

Outras permanências rurais são notadas entre os costumes que formam o cotidiano paulistano nessa época. Os rios paulistanos sempre foram fartos em peixes, de modo que os indígenas que viviam às margens do Tietê e seus afluentes desenvolveram técnicas de pesca utilizando uma planta chamada timbó, que, uma vez na água, atordoava os peixes, deixando-os mais vulneráveis à captura. Essa técnica perdurou nas atividades de pesca praticadas nas várzeas paulistanas até o início do século XX. O bairro do Pari, localizado na várzea entre os rios Tietê e Tamanduateí, deve seu nome de uma armadilha de origem indígena, de taquara ou cipó, utilizada como artefato de pesca (SOUSA, 2022, p. 14). Uma prática colonial de obtenção de água era a utilização de plantas como o caraguatá, presente na Mata Atlântica.

Tal estratégia perdurou durante todo o século XIX entre a população das várzeas (JORGE, 2007, p. 75). Para além da manutenção de costumes, o rural permanece até o final do século XIX por necessidades básicas de abastecimento da população paulistana. Os gêneros alimentícios vendidos na rua das Casinhas e na rua da Quitanda pertenciam a roceiros que vinham ao centro da cidade comercializar a produção de suas chácaras (CAMARGO, 2013). O local foi importante referência de compra mesmo após a criação do Mercado, enraizando, no centro da cidade, produtos, cores e cheiros naturais oriundos de quintais e chácaras. A sensação de ruralidade trazida pelos elementos ofertados na rua das Casinhas é registrada nas memórias de Antonio Egydio Martins:

> A Rua das Casinhas foi, desde princípios do século XIX, o lugar destinado pela Câmara para nele se estacionarem as quitandeiras de verduras, legumes, leite, aves e ovos, os quais eram expostos à venda no passeio da mesma rua, a qual, todas as manhãs, enchia-se de muitas pessoas com o fim de comprarem o que desejavam, sendo que, desde 1890, ano em que se inaugurou o Mercado de São João, deixou de se realizar na referida rua, [...] ficando na Rua das Casinhas negociando esse gênero de comércio, somente Mme. Bresser, que possuía no Bairro do Brás uma grande chácara e residia no prédio de sobrado da referida rua n.º 5, e algumas outras quitandeiras, em pequeno número, que expunham as suas verduras, legumes, frutas, etc., no corredor das casas daquela rua. (MARTINS, 2003, p. 200).

Apesar do rápido avanço das áreas urbanizadas, os aspectos rurais mencionados ao longo deste capítulo permanecem resistentes e atuantes em muitos bairros, sobretudo naqueles mais afastados do centro e nos arredores das habitações precárias e cuja população depende da interação direta com a natureza para sua sobrevivência. A região da Vila Mariana é um exemplo dessa coexistência entre rural e urbano. Apesar de a área já urbanizada no início do século XX, os hábitos e a paisagem local denunciam a presença de aspectos rurais na região:

> Estenderam-se depois as andanças por outros bairros. À Vila Mariana, então quase um arrabalde de ruas empoeiradas. À Vila Clementino, que ainda com poucas casas, isoladas umas das outras, entremeadas de terrenos baldios, rude paisagem de periferia (embora na época não se utilizasse essa designação), em que se viam telheiros, estábulos, carroças

HISTÓRIA E CIDADES

> e pastos balizados por cercas de arame, e tudo enegrecido por revoadas de urubus atraídos pelo cheiro terrível de um matadouro. (BRUNO, 1986, p. 69).

Os espaços da cidade que ultrapassam o centro urbano apresentam-se populosos, mas pouco integrados ao núcleo central, como se a cidade ignorasse ou quisesse esconder sua expansão (BRESCIANI, 1999, p. 18). Isso porque, apesar de necessário, o rural representa um incômodo para a cidade que dá boas-vindas ao progresso, às linhas férreas, aos barões do café, à indústria e ao trabalhador branco.

Quintais urbanos

Os quintais se apresentam como espaço onde se pode pensar a relação sociedade/natureza dentro do espaço urbano através da criação de animais, cultivo de árvores frutíferas, plantações, ervas medicinais e costumes cotidianos que refletem a coexistência entre rural e urbano no processo de formação material e identitária da cidade de São Paulo, no final do século XIX. Entre as fontes que possibilitam construir a história dos quintais, destacamos as fotografias como importante instrumento de análise para entendermos o quintal como espaço de construção e resistência da história ambiental e da memória paulistana.

As imagens a seguir pertencem ao Centro de Memória Iconográfica da Faculdade de Saúde Pública de São Paulo, foram feitas na década de 1920 e permitem-nos desvendar a cultura material do quintal e o cotidiano dos habitantes dos cortiços, assim como reminiscências da sobrevivência oriunda da natureza nesses quintais construídos no centro urbano. Veja-se o exemplo dessa habitação coletiva da Rua Ruy Barbosa:

Figura 3 – Rua Ruy Barbosa n.º 32

Fonte: Centro de Memória da Faculdade de Saúde Pública de São Paulo – imagem 708 001

A grande quantidade de arame e taquara destinados à secagem de roupas, bem como a armação em madeira e telha onde há peças quarando, são indícios não só de uma grande quantidade de habitantes no cortiço, mas de ser o quintal um espaço privilegiado para o trabalho das moradoras desta habitação. O ofício de lavadeira era muito comum entre as mulheres pobres de São Paulo, e, para estas trabalhadoras, o quintal é grande aliado do exercício de suas funções, sobretudo para aquelas que não moram próximo às várzeas. O pequeno abrigo à esquerda, construído em tijolos e madeira, é destinado em partes para alocar instrumentos do trabalho doméstico e assalariado das moradoras desse cortiço, como vassoura e barril. O cercadinho de arame contíguo ao abrigo contém plantas cujo destino não se pode objetivar. De acordo com seu tamanho, seu local e sua estrutura, esse espaço pode ter sido idealizado para implantação de horta ou galinheiro, duas fontes de produção comuns quando se trata de quintais populares.

Riquíssimo em elementos estruturantes do cotidiano da população encortiçada, o registro a seguir pertence a um cortiço da Mooca:

Figura 4 – Cortiço de Sr. Joaquim Antunes - Mooca

Fonte: Centro de Memória da Faculdade de Saúde Pública de São Paulo – imagem 723 001

Do ponto de vista físico, esse quintal possui chão de terra batida e, diferentemente dos quintais de várzea e periferia, não possui nenhum tipo de vegetação. A estrutura edificada chama a atenção pela falta de janelas, recurso fundamental para os higienistas que regulavam a salubridade das habitações. As mulheres na imagem permitem-nos uma análise social do momento. Observa-se mulheres de diferentes idades em diferentes funções: as mais velhas estão lavando roupa enquanto as mais novas parecem cuidar da população infantil do cortiço. Para além do bebê no colo da mulher à esquerda e da criança no canto direito da foto, duas cadeirinhas de balanço evidenciam a presença infantil nessa habitação. As galinhas soltas nesse quintal podem indicar a falta de um espaço destinado especificamente a abrigá-las. A configuração do espaço não prioriza a criação de animais em quantidade suficiente para produzir um excedente à subsistência, de modo que as galinhas certamente não tinham fins comerciais para essas famílias. Sobre as funções desse quintal coletivo, pode-se elencar o preparo de alimentos, dada a armação em tijolos e a presença de latas com furo no meio, artefatos utilizados no aquecimento e cozimento da comida. A estruturação da cozinha no espaço do quintal também se evidencia na bacia de utensílios alocada próxima à primeira porta da direita. Outros instrumentos ligados às atividades domésticas também são alocados no quintal, como vassouras e tachos de lavar roupa. Esse último, assim como a estrutura baixa improvisada em madeira, os baldes e bacias de metal, podem pertencer também ao universo produtivo das lavadeiras, mulheres que se utilizam do quintal para realizar seus afazeres domésticos e economicamente produtivos.

Tendo por foco a cidade e seus habitantes, as fotografias produzem um discurso em torno da cidade civilizada e seu contrário, expresso nas condições de vida da população pobre. Tal discurso não só diagnostica uma situação, como justifica a necessidade de intervenções:

Figura 5 – Quintal de Cortiço em São Paulo

Fonte: Centro de Memória da Faculdade de Saúde Pública de São Paulo – imagem 20151029092934_00001

A imagem denuncia o meio insalubre em que crianças descalças e galinhas convivem com um pequeno córrego de águas servidas e o encanamento aparente. Alimentação, destino de dejetos, criação de animais, trabalho e lazer dividem o mesmo espaço do quintal. Ao registrar as mazelas do cotidiano da classe pobre paulistana, os sanitaristas fazem da máquina fotográfica um instrumento a serviço da produção de um discurso sobre a cidade e seus habitantes.

O quintal é parte do cotidiano das famílias habitantes dos bairros populares de São Paulo na virada do século XX. Nessa parceria, um mesmo quintal pode assumir múltiplas funções. Sobre as utilidades domésticas, a cultura material presente no quintal definiu-o como espaço de armazenamento, manutenção da casa e apoio à existência de outros cômodos, como cozinha e banheiro. Outros instrumentos, como bacias e quaradouros, além das evidências de construções anexas para quarto de aluguel ou oficinas, mostraram o quintal como uma possibilidade de fonte de renda. Entre as funções econômicas do quintal, destaca-se a comercialização dos excedentes ali cultivados. Frutas, verduras e animais servem tanto ao sustento da família criadora quanto ao abastecimento do mercado local, diversificando culturalmente o modo de comer do paulistano.

O mercado ambulante perdurou por muito tempo nas praças e nas portas das casas de classe média, cujas famílias ainda foram alimentadas por muito tempo com a produção dos quintais populares. Jorge Americano relata alguns exemplos de vendedores que batiam à sua porta em meados de 1900:

> Às 6 horas da manhã bateu à porta seu José leiteiro. Trazia às costas a lata de leite [...]. Vinham também duas vacas e dois bezerros. [...] Seu José fez o bezerro chupar a teta da vaca e se pôs a mondá-lo, jorrando o leite no copo graduado. (AMERICANO, 1962, p. 103).

Além do leiteiro, passava também o menino das cabras: eram "seis cabras amarradas umas às outras pelo pescoço repuxando-se em todas as direções, uma com campainha pendurada [...]" (AMERICANO, 1962, p. 104). Depois era a vez da carrocinha de verduras conduzida por dois varais pelo verdureiro, com "alface, couve, cenoura, abobrinha, cheiro (salsa e cebolinha), tudo por dez tostões" (AMERICANO, 1962, p. 104). O fruteiro era desprovido de transporte, carregava sua produção no braço em duas cestas, que continham banana-maçã, banana-ouro, banana-italiana ou nanica, laranjas, maçãs e uvas. Seu Domingos era outro vendedor que batia às portas oferecendo o fruto de sua produção de aves: a dúzia de ovos e um frango inteiro custavam 10 tostões cada e a galinha 2 mil réis. Por fim, Americano descreve um interessante casal de italianos vendedores de frango e ovos, que também passava por sua rua:

> Ele gritava: Frango gordo, ovo fresco, ovo fresco!
>
> Depois começava a invectivar. Dizia coisas que a gente não entendia. Gritava com voz rouca. Quando silenciava, ela

resmungava qualquer coisa. Ele se excitava, gritava mais. A gente não entendia. [...] Ninguém chamava. Ninguém comprava. A mulher resmungava. Ele enfurecia. (AMERICANO, 1962, p. 168).

A pequena produção vinda dos quintais é versátil não só porque o produtor pode transformar seu alimento em mercadoria quando lhe for necessário, mas porque, quando o é, a pequena quantidade que carrega de forma sazonal viabiliza a não taxação sobre o produto comercializado.

Todo elemento do quintal é instrumento da experiência humana social e/ou cultural. Pertencem à vivência familiar, alimentar, educativa, econômica, medicinal e de trabalho. Nesse sentido, a multiplicidade de frutas, flores, cheiros e cores encontradas no quintal não pertence à superficialidade do universo estético. Em seu relato de viagem ao Brasil, Saint-Hilaire expõe sua expectativa em encontrar jardins e a decepção com a falta de ordem e simetria dos quintais domésticos. As flores também fazem parte dos quintais, mas não no formato dos jardins públicos planejados para as ruas europeias. Essa é uma visão desarticulada do quintal como espaço de produção, marcado por uma "racionalidade cotidiana utilitarista" (MENESES, 2015, p. 85), e não apenas estética. Possivelmente, essa é uma das marcas mais significativas dos quintais populares paulistanos na virada do século XX: são espaços úteis. Permitem a manutenção da casa, a sobrevivência de seus moradores e a relação social e econômica com o espaço público da rua. Como parte da casa e tomados pelo zelo de quem ali habita, os quintais são lugar da ação humana cotidiana e da harmonia entre seus membros e suas funções de trabalho, aprendizado e sobrevivência.

Quintais de várzea

Dada a realidade plural de construção da urbe paulistana, tanto do ponto de vista material quanto da diversidade de seus moradores, torna-se importante analisar socialmente em que medida ocorre essa "mistura" entre urbano e rural na capital. Saindo do núcleo urbano, outras fotografias permitem problematizar o quintal e o meio ambiente na cidade. Era da várzea que vinha o sustento da classe pobre. Além das lavadeiras que, na beira do rio, desempenhavam sua função, a várzea provia, à população, capim, peixe e lenha cotidianamente e estava cercada por casas e ambulantes ligados ao comércio. No caso das habitações de várzea, era muito comum que os "fundos" não tivessem cerca ou que essa delimitação fosse precária ou pouco privativa, de modo que a área externa utilitária a qual se denomina quintal, fosse quase contígua às margens do rio. Nesse espaço comum a céu aberto, Vicenzo Pastore registrou o trabalho das lavadeiras e nos permitiu um olhar sobre esses fundos de casa rústicos, coletivos, um tanto pobres e com tom rural deveras acentuado para a São Paulo que se quer moderna:

Figura 6 – Casario e lavadeira às margens do rio Tamanduateí – Vicenzo Pastore (1910)

Fonte: Acervo fotográfico do Instituto Moreira Sales

Na imagem, nota-se o acesso ao rio feito por escadas estrategicamente distribuídas pelas margens do Tamanduateí, espaço público de utilidade e apropriação dessa população da várzea, que constrói sua casa e sua vida nessa ribeira. A roupa que cerca a lavadeira do lado esquerdo da imagem, assim como as tábuas de madeira que podem ser observadas no canto direito da foto, apoiadas sobre o pequeno declive e mergulhadas no rio, são sinais da naturalização com que esse espaço se torna uma extensão dos quintais desse casario. Sendo São Paulo cortada por muitos rios, que até o início do século XX estavam abertos e faziam parte da paisagem da cidade, era possível encontrar quintais cortados ou mesmo delimitados pelo percurso das águas.

Teorizando as mazelas da várzea, o engenheiro Teodoro Sampaio deixa entrever a negatividade com que ele, membro técnico e político da intelectualidade paulista, enxerga o contexto de trabalho das lavadeiras. Segundo ele, era na várzea "onde se faziam os despejos da cidade, soltavam-se animais, cortava-se lenha, e onde todos os ociosos vinham caçar e as lavadeiras faziam o seu mister" (OLIVEIRA, 2005, p. 73). O trabalho das lavadeiras vem junto do despejo, dos vagabundos nas considerações do engenheiro. Tais mulheres não são, portanto, consideradas dignas, nem seu ofício é reconhecido como trabalho.

Num relatório de Washington Luís expedido em 1916, o rural é novamente posto como lugar das classes perigosas ou indesejadas, tal como os bosques ingleses no início da modernidade, sendo usado também como metáfora, conforme o excerto a seguir:

> É aí que, protegida pelas depressões do terreno, pelas voltas e banquetes do Tamanduateí, pelas arcadas das pontes, pela vegetação das moitas, pela ausência de iluminação se reúne e dorme [...], numa promiscuidade nojosa, composta de negros e vagabundos, de negras edemaciadas pela embriaguez habitual, de uma mestiçagem viciosa, de restos inomináveis e vencidos de todas as nacionalidades, em todas as cidades, todos perigosos... Era aí que, quando a polícia fazia o expurgo da cidade, encontrava a mais farta colheita. (CERASOLI, 2015, p. 141).

O rural é selvagem não só pela presença de elementos da fauna e flora, mas numa metáfora social, o rural abriga e acoberta o incivilizado em sua obscuridade natural.

Ponto de passagem para os que iam em direção ao Brás ou às chácaras dos arredores da cidade, a região era muito movimentada e mantinha intensa relação com a natureza. Cerasoli aponta a importância do viés político para a concepção de uma história ambiental urbana, apresentando a necessidade de pensarmos o humano não só como um ser biológico e social, mas também como um ser político, pois é nessa dimensão que se faz uma abordagem do ambiente urbano considerando suas tensas relações. É por meio desse olhar que destaco a atuação de vendedores ambulantes e lavadeiras que, por meio do quintal e em meio a debates com a oficialidade, obtêm recursos naturais que influenciam no cotidiano urbano, promovendo seu próprio sustento e atendendo às demandas de serviço e abastecimento dos demais habitantes da cidade.

Figura 7 – Lavadeiras às margens do rio Tamanduateí – Marc Ferrez, 1890

Fonte: Caderno do Fotografia Brasileira – Instituto Moreira Salles, 2004. p. 79

Aqui se nota a vegetação espontânea e mais fechada referida por Washington Luís, bem como as lavadeiras que estabelecem no rio e em seus arredores o seu trabalho e sua residência.

Ainda sobre esse incômodo desencadeado pela várzea e por seus frequentadores, ao proferir a necessidade de saneamento dessa região em seu relatório de 1916, Washington Luís se refere a um saneamento que Maria Luiza Oliveira chama de "total", para proteger o paulistano não só das doenças, mas dos vícios recorrentes na população que frequentava a várzea (OLIVEIRA, 2005, p. 76). As vozes que bradavam pela inclusão da várzea no planejamento urbano estavam mais interessadas num efeito de aburguesamento do local do que na melhoria das condições de vida dos habitantes, que representavam tanto perigo quanto os resíduos tóxicos provenientes do lixo ali despejado.

Os projetos de saneamento da várzea do Tamanduateí visam a superar obstáculos que vão além do natural. Sendo uma área incômoda e, ao mesmo tempo, útil, a várzea representa essa dinâmica citadina dividida entre a necessidade prática dos serviços desempenhados na várzea, como preparação de animais e lavagem de roupa, e a necessidade estética e sanitária de eliminá-los (CERASOLI, 2015). Os sinais de mudança apontados alertavam para uma nova dinâmica da cidade e para os atores que deveriam permanecer ou sair de cena. O trabalho das lavadeiras realizado ao ar livre nas margens do rio seria substituído pelo serviço de lavanderia, eliminando, ao mesmo tempo, a presença de resíduos oriundos da lavagem e as personagens antiestéticas e barulhentas que "enfeiavam" aquele ambiente natural. Claro que essa mudança não é repentina. As lavadeiras e as roupas permaneceram nas margens do Tamanduateí no início do século XX, visto que a região se manteve precária e, dessa forma, propícia ao seu trabalho e moradia. Mas o processo de urbanização tende a levar a lavagem de roupas para dentro do espaço doméstico, sendo o quintal, neste caso, o grande aliado das lavadeiras. Somente o espaço aberto permitiria abrigar os instrumentos e o material necessário à lavagem da roupa suja. Mais uma vez, o quintal se torna um microcosmo doméstico e privado do meio ambiente, promovendo a resistência de uma natureza útil e necessária mesmo diante do desenvolvimento urbano. Desse modo, assim como os demais aspectos rurais e urbanos da cidade, as várzeas não são substituídas pelos quintais, as lavadeiras coexistem nesses dois ambientes contextualizadas por um jogo de força e resistência políticas que envolve São Paulo na virada do século.[20] No caminho das transformações urbanas, a várzea era um ponto a ser saneado, os pobres também deveriam ser tirados de lá para que todo tipo de sujeira ou doença desse lugar à construção de um parque público, que conseguisse manter a imagem bela e romântica da várzea outrora pintada em aquarelas. Era essa várzea em tinta à óleo que se deveria perpetuar.

Lavar roupas foi um ofício julgado negativamente pela elite e pelas autoridades sanitárias, o que fez as lavadeiras transitarem entre o rural e o urbano, entre a beira do rio e os quintais, entre a norma e a marginalidade. Das margens para os quintais coletivos e desses quintais para as vilas operárias: essa dinâmica mostra como o processo de urbanização na cidade faz coexistir diversas etapas de seu processo com níveis diferentes de adequação dos espaços e dos sujeitos que os ocupam. Enquanto os quintais das vilas operárias eram, em sua maioria, destinados aos imigrantes, as mulheres negras permaneceram na várzea ou nos quintais coletivos, ambos condenados pela legislação sanitária e habitacional de São Paulo. E mesmo numa casa rica como a do comendador Souza Barros, o quintal era onde as escravas da casa lavavam a roupa e onde as malas, quando a família voltava de viagem à fazenda ou à praia, eram abertas e se examinava que a roupa não contivesse nenhuma barata clandestina (PAES DE BARROS, 1998).

---

[20] Inclusive os quintais não eram o ideal de higiene desejados pelas autoridades públicas e sanitárias, visto que muitos dos que abrigavam o ofício de lavagem de roupas eram coletivos e em desacordo com as normas salutares de construção e ocupação.

A habitação paulistana na virada para o século XX mescla o urbano e o rural em sua materialidade, busca a sobrevivência econômica num meio urbano, mas por meio de instrumentos rurais. Assim, o cotidiano social da classe pobre paulistana é de uma luta diária para se manter numa cidade em que são marginalizados e indesejados pelo progresso urbano, que eles sustentam e constroem com seu labor na margem dos rios, suas cestas de verduras, de ovos. De dentro para fora, do quintal para as ruas, a classe trabalhadora exibe a ruralidade que faz de São Paulo uma cidade dinâmica e múltipla em seus moradores, em suas atividades econômicas e em sua paisagem e utilidade urbana e rural. A serviço da salubridade ou da construção da imagem paulistana, as fotografias permitem a construção da história ambiental e urbana da cidade de São Paulo, que, junto dos relatos de seus habitantes, compõem uma memória afetiva desses espaços desaparecidos da cidade que trocou os quintais pelos muros fortificados e pelas varandas gourmet.

Referências

AMERICANO, J. **São Paulo nesse tempo (1915-1935).** São Paulo: Melhoramentos, 1962.

ANDRADE, F. P. D. de. **Subsídios para o estudo da influência da legislação na ordenação e na arquitetura das cidades brasileiras.** 1966. Tese (Cátedra apresentada à Escola Politécnica) – Universidade de São Paulo, São Paulo, 1966.

BOSI, E. **Memória e Sociedade: lembranças de velhos.** 2. ed. São Paulo: T. A. Queiroz, Edusp, 1987.

BRESCIANI, M. S. Imagens de São Paulo: estética e cidadania. *In*: FERREIRA, A. C.; LUCA, T. R. de; IOKOI, Z. (org.). **Encontros com a História**. Percursos históricos e historiografia de São Paulo. São Paulo: Unesp, 1999, p. 11-45.

BRESCIANI, M. S. Melhoramentos entre intervenções e projetos estéticos: São Paulo (1850-1950). *In*: BRESCIANI, M. S. (org.). **Palavras da cidade**. Porto Alegre: Ed. UFRGS, 2001. p. 343-366.

BRUNO, E. S. **Almanaque de memórias:** reminiscências: depoimentos e reflexões. São Paulo: Hucitec: Instituto Nacional do Livro: Fundação Nacional Pró--Memória, 1986.

BRUNO, E. S. **História e tradições da cidade de São Paulo**. Vol. II. Burgo de Estudantes (1828-1872). Hucitec: São Paulo, 1984.

CALDEIRA, T. P. do R. **Cidade de muros. Crime, segregação e cidadania em São Paulo**. Trad. port. 2. ed. São Paulo: Edusp: Ed. 34, 2003.

CAMARGO, I. do C. **Entre cestos e pregões:** os trabalhadores ambulantes na cidade de São Paulo 1890-1910. 2013. Dissertação (Mestrado em História Social) – Pontifícia Universidade Católica de São Paulo, São Paulo, 2013.

CAMPOS, C. de. A cidade salubre e bela: propostas e planos de saneamento para a capital paulista no século XIX. *In*: JORGE, J. (org.). **Cidades Paulistas:** estudos de história ambiental urbana. São Paulo: Alameda, 2015. p. 17-36.

CERASOLI, J. F. Seres Urbanos: salubridade e política em São Paulo. *In*: JORGE, J. (org.). **Cidades Paulistas:** estudos de história ambiental urbana. São Paulo: Alameda, 2015. p. 137-164.

CHOAY, F. **A regra e o modelo. Sobre a teoria da arquitetura e urbanismo.** Trad. port. Geraldo Gerson de Souza. São Paulo: Perspectiva, 2010.

GENNARI, L. A. O lugar da casa na Belle Époque carioca. *In*: LIRA, T. C. de *et al*. (org.). **Domesticidade, Gênero e Cultura Material**. São Paulo: Editora da Universidade de São Paulo, 2017. p. 131-156.

JORGE, J. **Tietê**: o rio que a cidade perdeu (São Paulo, 1890-1940). São Paulo: Alameda, 2007.

LEMOS, C. **Cozinhas, etc**. São Paulo: Perspectiva, 1978.

LEMOS, C. **Alvenaria burguesa:** breve história da arquitetura residencial de tijolos em São Paulo a partir do ciclo econômico liderado pelo café. São Paulo: Nobel, 1989.

MARTINS, A. E. **São Paulo antigo (1554-1990).** São Paulo: Paz e Terra, 2003.

MENESES, J. N. C. Pátio cercado por árvores de espinho e outras frutas, sem ordem e sem simetria: O quintal em vilas e arraiais de Minas Gerais (séculos XVIII e XIX). **Anais do Museu Paulista**, São Paulo, v. 23, n. 2, p. 69-92, jul./dez. 2015.

MOYA PELLITERO. A. M. **La percepción del paisaje urbano**. Madri: Editorial Biblioteca Nueva, 2011.

OLIVEIRA, M. L. F. **Entre a casa e o armazém.** Relações sociais e experiência da urbanização. São Paulo, (1850-1900). São Paulo: Alameda, 2005.

PAES DE BARROS, M. **No Tempo de Dantes**. Prefácio Monteiro Lobato. Introd. Caio Prado Jr. São Paulo: Paz e Terra, 1998.

PENTEADO, J. **Belenzinho, 1910:** retrato de uma época. São Paulo: Carrenho Editorial; Narrativa Um, 2003.

PORTO, A. R. **História urbanística da cidade de São Paulo (1554-1988)**. São Paulo: Carthago & Forte, 1992.

RODRIGUES, J. **Alimentação, vida material e privacidade.** Uma história social de trabalhadores em São Paulo nas décadas de 1920 a 1960. São Paulo: Alameda, 2011.

SCHMIDT, A. **São Paulo de meus amores**. São Paulo: Clube do Livro, 1954.

SEBBA, M. A. Y.; QUINTELA, A. C. **O léxico árabe na língua portuguesa.** Disponível em: https://www.letras.ufg.br/up/25/o/VIISLE_19.pdf. Acesso em: 18 jul. 2023.

SOUSA, D. R. de. **Nas redes do Pari:** Os armazéns da São Paulo Railway no contexto urbanístico de São Paulo em fins do século XIX. 2022. Tese (Doutorado em História Social) – Pontifícia Universidade Católica de São Paulo, São Paulo, 2022.

THOMAS, K. **O homem e o mundo natural – mudanças de atitude em relação às plantas e aos animais (1500-1800).** Trad. port. João Roberto Martins Filho. São Paulo: Companhia das Letras, 2010.

TORRÃO FILHO, A. A cidade como redenção: natureza e cultura nos Campos de Piratininga. *In*: MARTINEZ, P. H. (org.). **História ambiental paulista:** temas, fontes, métodos. São Paulo: SENAC, 2007. p. 48-50.

TOURINHO, H. L. Z.; SILVA, M. G. C. A. da. Quintais urbanos: funções e papeis na casa brasileira e amazônica. **Boletim do Museu Paraense Emílio Goeldi. Ciências Humanas**, Belém, v, 11, n. 3, p. 633-651, set./dez. 2016.

Capítulo 4

A CIDADE COMO ARTEFATO CULTURAL: PRÁTICAS E REPRESENTAÇÕES DO ESPAÇO NO ENTORNO DO THEATRO MUNICIPAL DE SÃO PAULO

Yvone Dias Avelino
Bruno Miranda Braga

A cidade, como artefato cultural, é um lugar no qual o consumo de espaço e as mobilizações nesses espaços utilizam-se de prática cotidianas, evidenciando aquilo que Michel de Certeau classificou como "maneiras de fazer". A cultura como elemento que se apropria, se hibrida e condessa, faz dos espaços âncoras de emoções, representações e usos.

A região entorno ao Theatro Municipal de São Paulo torna-se, assim, um lugar de uma multiplicidade de fazeres culturais. Se observarmos as práticas cotidianas que ali ocorrem, vemos a intensidade da cultura que ainda hoje ali reside, quer seja pela cultura lírica, clássica que ainda é realizada no interior do Theatro e no seu Complexo da Praça das Artes, quer seja pelos grupos que, a cada instante, tomam aquele espaço para suas práticas, quer sejam as escadarias, a Praça Ramos ou o Vale do Anhangabaú.

Neste texto, apresentaremos um breviário de como se dão as sociabilidades na espacialidade do entorno do Theatro Municipal, inspirados na teoria dos usos e práticas de Michel de Certeau. Apontaremos que, mesmo parecendo singular, essa singularidade não existe nesse espaço na medida em que, em cada experiência, existem espaços diferentes, com manifestações diferentes. "O Teatro Municipal, para além de ser um patrimônio artístico do país, é um organismo artístico vivo que se liga às transformações da cidade de São Paulo" (COSTA, 2017, p. 9).

O início do século XX e a projeção de Ramos de Azevedo: a São Paulo glamurosa

Na esteira da expansão cafeeira, da abolição da escravatura e da imigração em grande escala, a cidade de São Paulo de finais do século XIX sofreu enormes mudanças. Mudando sua antiga vocação de entroncamento de rios que levavam ao interior, São Paulo agora centralizava os ramais ferroviários que vinham do interior do estado com destino ao porto de Santos.

Carregados de café, esses trens levavam o café paulista para todo no mundo. O ouro verde projetou a pacata cidade em seu vertiginoso processo modernização que mudou sua feição urbana de forma radical. Novos tempos, novas cidades.

Novos tempos, novas cidades também para Francisco de Paulo Ramos de Azevedo, que, nessa São Paulo da garoa, construiu seu mítico e importante escritório em 1886, quando essa cidade era administrada pelo presidente da província, Barão (futuro Conde) do Parnaíba.

Ramos de Azevedo morava em Campinas e lá realizou grandes obras, sendo convidado a vir para São Paulo e aqui começou sua grande e magnífica obra, cuja beleza e potência arquitetônica pode ser observada nos dias de hoje, porque as edificações criadas pelo escritório de referido engenheiro, que foi o segundo diretor da Escola Politécnica, sobrevivem às transformações da paisagem urbana.

Inúmeras foram as obras, mas, no presente capítulo, vamos deter-nos apenas ao teatro municipal da capital.

Erguido entre 1903 e 1911, o Teatro Municipal teve seu projeto elaborado por Domiziano Rossi, do referido escritório Ramos de Azevedo e Claudio Rossi, antigo cenógrafo e empresário teatral.

Imagem 1 – Chegada dos cenários em 11 de setembro de 1911, véspera da estreia

Foto: acervo do Theatro Municipal.
Disponível em: https://theatromunicipal.org.br/pt-br/theatro-municipal/#gallery-lateral-4

Decalcado na ópera de Paris, de Charles Garnnier, o teatro paulistano apresenta os três volumes básicos que compõem a edificação francesa, correspondentes às três atividades principais que se desenvolvem em uma casa de espetáculos: a parte frontal do teatro, reservada à recepção, a cúpula, que assinala a presença da sala de espetáculos, a assistência, a caixa de cena, na parte posterior da construção, onde se concentra a encenação.

De aparência retórica e triunfal, no edifício, empregou-se grande quantidade de material variado e custoso. Afinal, nesse tipo de teatro, o espetáculo é, inicialmente, uma grande cerimônia social, quanto à forma, e a função é de grande luxo na decoração arquitetônica para elevar ao máximo o esplendor dessa cerimônia.

Imagem 2 – Noite de Inauguração, em 12 de setembro de 1911

Foto: acervo do Theatro Municipal
Disponível em: https://theatromunicipal.org.br/pt-br/theatro-municipal/#gallery-lateral-5

A emblemática foto da Imagem 2, foi produzida exatamente em 12 de setembro daquele 1911, na inauguração do edifício. A imagem é repleta de sensações, mostra o Theatro e parte de seu entorno tomado por uma multidão que assistia extasiada ao abrir das portas da casa lírica. Segundo muitos escritores e pesquisadores, a data marcou também o primeiro congestionamento da cidade de São Paulo. Era a São Paulo que se expandia, ganhava novos ares e movimentos. Ali, onde se assentou o Municipal, era uma área de muita especulação e visibilidade, era o marco da São Paulo do início do século XX. As sociabilidades começavam a acontecer nessa região; encontros, passeios, cafés, óperas, ballets e a cena artística davam-se ali.

Um importante marco de seus primeiros anos foi abrigar a Semana de Arte Moderna de 1922. Feita por jovens membros das elites cafeeiras, artistas cariocas e alguns estrangeiros, o evento balizou a ideia de um desenvolvimento cultural autônomo que desse conta da realidade brasileira a partir da boca de mil dentes em que havia se convertido a cidade de São Paulo.

Símbolo máximo da cultura da Primeira República na cidade de São Paulo, o Teatro Municipal assistiu, com o passar das décadas, à chegada de outros edifícios e instituições que dividem com ele o seu protagonismo.

Em 1934, a Universidade de São Paulo inaugurou a formação de um pensamento acadêmico original e profícuo na interpretação da realidade social brasileira. Na década de 1950, surgiu a Bienal, prédio de Niemeyer, onde artistas de várias partes do mundo exibiram suas obras. O Masp, com sua sede na Avenida Paulista, é o ícone mais novo do grupo. Seu acervo, suas exposições temporárias e seu vão livre reúnem obras e pessoas em busca de opções culturais, além de manifestações políticas de vários matizes ideológicos.

O antigo teatro, no entanto, não perdeu sua aura e importância como referência cultural, especialmente no Centro da cidade. Sempre abrigou óperas internacionais, concertos de diferentes orquestras, formaturas da USP. Nos últimos tempos, cantores populares de diferentes vertentes, como Roberto Carlos e Emicida, subiram ao seu palco numa mostra de sua diversificação.

Além daquilo que é apresentado para seu público, o teatro serve de polo de atração para diferentes músicos que se apresentam em seu entorno.

Nos últimos anos, formou-se um grande complexo nomeado de Complexo Theatro Municipal, que abriga a Sala do Conservatório, a Praça das Artes. Ambos os espaços são utilizados com atividades de diferentes tipologias artísticas, bem como área de formação, ensaios, diálogos dos corpos artísticos da cidade.

O desenvolvimento da cidade não apagou o Theatro e sua atuação que ainda hoje se mantém como um dos principais produtores de óperas do Brasil, com uma temporada anual com diferentes títulos consagrados e novas óperas encomendadas, inclusive. Fora das paredes do Theatro, dá-se atualmente diferentes atividades, especialmente as que envolvem atividades físicas, radicais e de cunho esportivo. Ciclistas, maratonistas, equilibristas, skatistas, são figuras constantes, fazendo uma recriação desse lugar e atribuindo-lhe novos usos e significados.

A discussão acerca do fenômeno urbano cresce academicamente à medida que as cidades são fenômenos humanos. Tratar o urbano no sentido humano presente significa explorar todos os *ethos* nele existente, os vários fazeres que o compõem e que fazem a cidade ser encarada como sistema de valores e diferenças. Dentro dessas especialidades acadêmicas, as ciências sociais e humanas partem de pressupostos dos mais complexos para analisar a cidade. Geografia, Antropologia, Sociologia, Ciência Política, Economia, História: essas disciplinas em seus objetos de pesquisa e pressupostos teóricos tecem diferentes considerações sobre a cidade e o urbano e dão nesse espaço/tempo diferentes simbologias aos atores que desenvolvem fazeres na cidade.

Tratando-se do perímetro que tratamos neste texto, foi um local que, ao longo da história da cidade, se configurou em múltiplos *ethos* e numa multiplicidade de sentimentos, contrastantes ou simbióticos: alegria, tristeza, pobreza urbana, glamour, arte e artivismo, ativismo, esportes, modernidades, tradições. O Theatro Municipal e seu entorno, assim, apresentam uma amostra das diferentes manifestações que a metrópole engendra.

Em História, a leitura do urbano e da cidade perpassa por uma profunda visão da composição representativa desses conceitos. Acreditamos que cidade e realidade urbana dependem do valor de uso, pois a criação se mistura em "fazer" e na criatividade, em um mesmo espaço operam diferentes poderes, alguns em escala micro. Maria Stella Bresciani (2002, p. 20) afirma que "[...] a cidade coloca o mundo na história e traz para o presente o legado das gerações mortas e de suas heranças imortais [...]". Ou seja, é na cidade que a História se exibe, a história se constrói no espaço, se perpetua nele no edifício público, se faz documento-monumento, como bem destacou Jacques Le Goff (2013). Nisso vemos que a cidade fala e solicita nossa afetividade.

Imagem 3 – Projeto da Esplanada do Theatro Municipal

Acervo: Arquivo Histórico de São Paulo

Há uma informação interessante com relação ao edifício que é o sentido de monumentalidade; o Municipal, embora "não foi, evidentemente, o primeiro teatro da capital, mas foi, sem dúvida, o primeiro e único alçado à condição de monumento" (COSTA, 2017, p. 29), há uma dimensão simbólica que parte da sociedade para com o prédio, e vice-versa. O Theatro surgiu assim como um meio afim de simbolizar o sinal de novos ares, que precisava exalar na cidade. Assim, com a construção, o seu entorno seria transformado e motivado com as aspirações trazidas pela monumentalidade do prédio. Tanto que sua posição também foi planejada para ficar no ponto mais alto do Vale do Anhangabaú, articulando-se com a Praça do Patriarca, como vemos a Imagem 3, tendo como primeiro plano a Esplanada do Theatro, onde hoje está a Praça Ramos de Azevedo.

Atualmente, o entorno do Theatro é amplamente utilizado por diferentes grupos de diferentes atividades que englobam desde intervenções artísticas, até mesmo manifestações sociais e grupos de diversas práticas esportivas.

O século XXI e a São Paulo moderna e esportista: uma teoria das práticas urbanas

Na atualidade, o entorno do Theatro está se readequando constantemente, uma vez que aquele espaço hoje é um dos grandes impulsionadores da urbanidade daquela região, e no Municipal ainda se tem a maior representatividade.

Vale destacar que ali ainda temos a sobrevivência à verticalização da cidade na qual muitos edifícios históricos são demolidos pela especulação da construção de prédios. O Theatro e seu entorno mostram fases das transformações históricos do ponto de vista estilístico, social e cultural.

> Num segundo momento, sua presença engendrará uma série de medidas políticas visando à readequação do entorno, de feições ainda rurais mesmo à época de sua inauguração, em 1911. Destarte, o Municipal converte-se em parâmetro para a urbanização do Centro Novo, dando prosseguimento à marcha de renovação da arquitetura paulistana e balizando seus contornos." (COSTA, 2017, p. 50).

Os usos do espaço. Se, outrora nessa região, apenas se via movimentação para adentrar a ópera ou vislumbrar um espetáculo no interior do Theatro, hoje a movimentação se expandiu para além das paredes dele. É no exterior que vislumbramos os usos da cidade e do espaço, as novas configurações do nosso tempo sobre a história do lugar, aquilo que Michel de Certeau denominou de práticas de espaço.

As práticas de espaço agem de acordo com de Certeau (2012), buscando intervir na paisagem e na monumentalidade criadas, estabelecendo novos gostos e novos usos do espaço. Se, aos finais do século XIX e primórdios do XX, o eixo urbano Vale do Anhangabaú, Viaduto do Chá e entorno do Municipal simbolizavam o progresso e os novos ares da região, tornando-se, paulatinamente, um lugar dessegregação espacial, movimentado pela ópera e pelas diversões internas do Municipal, hoje não é bem assim.

Ainda de acordo com Certeau (2012), acreditamos que a cidade instaurada, idealizada por Ramos de Azevedo, sua equipe e seus contratantes, pretendia seguir a tríplice operação rumo ao engrandecimento e à lucratividade-visibilidade do espaço. A tríplice operação pode ser sintetizada no seguinte esquema:

Esquema 1 – *SmartArt* apresentando as relações de engrandecimento lucratividade--visibilidade

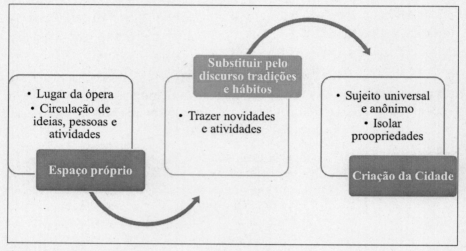

Fonte: o autor

A partir desse esquema, podemos considerar que o uso atual do entorno é compreendido de uma mística contrária ao discurso produzido no início do século passado, porém viva e correta para esse momento. Se, naquele passado, era inadmissível um grupo de skatistas utilizarem-se das escadarias ou laterais do Theatro para sua prática esportiva e cultural, hoje isso é encarado ou devia ser como parte constituinte da cultura e sociabilidade local. Tornou-se uma característica especial da cidade de São Paulo, uma imagem que soa contrastante, porém aconchegante. É uma experiência única imaginar que, concomitantemente, há um grupo no interior do Municipal ouvindo Carmen, La Traviatta ou Rigoletto, enquanto, no mesmo espaço-tempo, esse grupo de skatistas pratica seu esporte com suas caixinhas amplificadas ouvindo suas músicas preferidas. Essa simbiose espacial torna-se, também, uma experiência sonora, visual: assim como os atores, cantores e músicos fazem uma performance pessoal seguindo o estabelecido pela direção cênica e concepção artística, os skatistas também o fazem, havendo, assim, uma relação cultural que o espaço engendra, estabelece.

A cidade utópica criou espaços próprios, segmentando os espaços, substituindo práticas que feriam, não eram condizentes com a visibilidade esperada. Esse isolar de propriedades, de deixar "cada um no seu cada um" criou a cidade, todavia isso não perdurou, uma vez que a cidade se encontra e faz com que as pessoas, os costumes, sons e sabores também se encontrem e a utilizem, ela e seu patrimônio.

Um patrimônio histórico-cultural somente o é se transmite certo valor aos membros de uma localidade/sociedade. Antes do documento oficial de tombamento e salvaguarda, o patrimônio tem que ter sentido, expressar visões e sensibilidades aos transeuntes e permanentes da área.

> Patrimônio é uma construção social, que depende do grupo, do período histórico, das questões ideológicas que permeiam a identidade que está sendo construída contemporaneamente a este processo.
>
> A palavra patrimônio pode estar associada à noção de sagrado, de herança, de memória do indivíduo, de bens de família. Contudo, o bem decretado como representativo da cultura, como patrimônio cultural, torna-se superior e emblemático. (LEITE; MARQUES, 2007, p. 86).

Nesse sentido, ao longo da história, os usos do espaço no entorno do Municipal trouxeram uma série de usos que passaram por passagem de trabalhadores, encontros para conversas, distribuição de panfletos, manifestações, intervenções culturais, práticas de esportes. Um desses usos, talvez o mais visível por sua permanência, é a prática do skate. Já faz alguns anos que um grupo multiescalar entre idade e gênero utiliza-se do espaço do Municipal para realizar sua prática esportiva.

A imagem seguinte reflete uma gama de sensações que fogem dos objetivos deste texto, mas podemos destacar que os mais pungentes são o skatista, em primeiro plano, elaborando uma perfeita manobra; um grupo de crianças, em segundo plano à direita, também pratica o esporte; nas escadarias sentados, temos outros skatistas que aguardam o momento para adentrarem ao circuito, bem como pessoas que observam a prática. Nesse sentido, ao caminhar pelo entorno e nos defrontarmos com esses grupos, nossa mente personifica um estilo e os usos daquele lugar. Michel de Certeau

(2012, p. 166) propôs que o uso define o social "pelo qual um sistema de comunicação se manifesta de fato: remete a uma norma". Nesse sentido, estilo e uso objetivam "ambos uma 'maneira de fazer' (falar, caminhar etc.), mas com um tratamento singular do simbólico, o outro como elemento de um código. Eles se cruzam para formar um estilo do uso, maneira de ser e maneira de fazer" (CERTEAU, 2012, p. 166).

A monumentalidade do Theatro, edifício com um padrão arquitetônico dominante no início do século XX, longe de divergir com a atividade, agrega, à sua elegância, uma modernidade e uma contemporaneidade trazidas pelos grupos esportistas. É interessante em termos estéticos verificarmos isso que apresenta esse espaço da cidade como um local de encontro.[21]

Imagem 4 – A prática de skate no entorno do Theatro Municipal

Créditos da fotografia: Thais Destri
Disponível em: https://commons.wikimedia.org/wiki/File:Skate_teatro_municipal.jpg

---

[21] Longe de romantizarmos ou encobrir a realidade local cotidiana, destacamos que o local do entorno do Theatro, em certos horários, torna-se muito perigoso e suscetível a delitos, especialmente furtos. Também destacamos que os horários tanto das apresentações no interior do Theatro quanto os encontros dos grupos de skate dão-se em consonância com o fluxo bom e uma movimentação boa, dada a realidade que aquela região, infelizmente, apresenta. É interessante, com isso, evidenciar que muitas pessoas deixam de frequentar o Theatro e sua programação, devido ao medo dessas ocorrências. Consequentemente, todas as atividades do entorno são direta ou indiretamente afetas.

Em uma busca rápida pelos sites de buscas, encontramos sempre a referência ao Theatro Municipal como "passagem obrigatória", "parada clássica" para quem pratica ou pretende praticar skate na grande São Paulo. É significativo vermos a reverberação de um espaço "clássico" numa expressão esportista contemporânea; torna-se emblemático e simbólico ver isso. Se a cidade cria, como propôs Michel de Certeau, nomes e símbolos, ela também reproduz o espaço, especialmente o espaço "daquilo que é/era considerado não lugar"; torna-se uma questão de identidade, pois:

> A identidade fornecida por esse lugar é tanto mais simbólica (nomeada) quanto, malgrado a desigualdade dos títulos e das rendas entre habitantes da cidade, existe somente um pulular de passantes, uma rede de estadas tomadas de empréstimo por uma circulação, uma agitação através das aparências do próprio, um universo de locações frequentadas por um não lugar ou por lugares sonhados. (CERTEAU, 2012. p. 170).

Claro está que não é apenas ali no entorno do Theatro que esses grupos praticam ou realizam a sua atividade, todavia, para muitos deles, ali foi o lugar primaz para tal ocorrência, uma vez que o afeto e os desafios de manobras ali ganharam novos sentidos, pois a monumentalidade do prédio engendra isso. A cidade, e especialmente aquele lugar, desperta algo em quem dali se utiliza.

Mas, afinal, o que entendemos por cidade? Um grupo de pessoas? Um organismo? Muitos organismos? Lutas? *Shoppings*, luzes, empregos? Tudo isso está atrelado à nossa mente quando pensamos em cidade. Sandra Lencioni aponta que os conceitos de cidade e de urbano tendem a exercer diferentes concepções e análises por assumirem uma etimologia ampla e decorrente de diferentes pontos de vista. Segundo a autora:

> A discussão do conceito de cidade nos conduz a pensar na discussão de um objeto que evoca várias ideias. Pensamos por exemplo, na cidade grega, na cidade comercial da Idade Média que fazia parte da liga Hanseática, na cidade colonial brasileira e porque não na São Paulo de hoje. Já ao refletirmos como um fenômeno do urbano, esse é visto como mais como um fenômeno do que como objeto. Isso é comum aos adjetivos que assumem o sentido gramatical de substantivos, precedidos, em geral, de artigo, como é o caso de: o rural, o agrário, o informal, o social, o espacial [...] (LENCIONI, 2008, p. 114).

Nisso percebemos que urbano e cidade assumem diferentes concepções ao longo do correr da história.

A autora também alude para a complexidade que temos em definir e conceituar cidade e urbano, pois ambas as palavras nos traduzem e nos fazem pensar em diferentes coisas. As cidades como objetos, e o urbano como fenômenos, "são produzidos por relações sociais determinadas historicamente" (LENCIONI, 2008, p. 114), seguem a lógica de seu tempo. Logo, o que consideramos cidade, hoje, difere daquilo que foi considerado cidade no século XV, ou no XVII, ou ainda no XIX e início do XX, quando as cidades passaram por momentos ápices de reformas, modelações e transformações paisagísticas e culturais.

Por ter uma relação subjetiva entre homem e a cidade, há nisso um campo amplo e simbólico de representações. Assim, compete ao estudo das cidades construir o ressurgimento do passado ou uma leitura do atual pela combinação de uma experiência, ou pela renovação da sensibilidade do vivido.

Essa sensibilidade é a que melhor define os usos da cidade por seus habitantes. O espaço urbano é assim um espaço de lutas, as quais são constituídas por diferentes usos da terra. Nas cidades, o centro funciona como núcleo de articulação das diversas partes que o compõem. É no centro que a população transeunte exerce seus diferentes papéis urbanos. Ver isso numa cidade especializada em outro tempo é verificar a união e projeção entre o passado e o presente; atentar como os moradores de outrora – no caso, aqui descrito, o início do século passado – agiam nesse espaço e como os de hoje agem. Não fazer juízos de valor ou de moral, apontando que "essa geração é ruim ou aquela era melhor", é vislumbrar os feitos humanos e suas representações no espaço, o uso da cidade.

Imagem 5 – Theatro Municipal em 1910

Imagem 6 – O skatista no entorno

Fonte: Instituto Moreira Salles -IMS

Fonte: *Jornal Folha de São Paulo*. Disponível em: https://m.folha.uol.com.br

As duas imagens apresentam a história tanto do Theatro Municipal quanto da cidade de São Paulo. São elementos que mostram uma modernidade, uma nova noção de espacialidade e de uso da cidade na qual a área central passou a abrigar segmentos de negócios, de comerciantes, de cultura e de política. Nisso consideramos que a cidade, ao se modernizar e se reurbanizar, expele, afasta para lugares mais longínquos aquilo que não era agradável às vistas públicas, pois, na *belle époque*, nos primórdios do século XX, o urbano era sinônimo de modernidade, deveria expressar civilidade. Afinal, a cidade se tornou o lugar de encontros e de negócios da elite, gerando, assim, a suburbanização, processo que, segundo a teoria de Henri Lefebvre, nas cidades da América do Sul, marca uma ampliação maciça da cidade e uma urbanização com pouca industrialização, dando uma feição de cidades "cercadas por uma vizinhança de favelas" (LEFEBVRE, 2001, p. 17).

Ainda com Lefebvre, consideramos que o núcleo urbano sobrevive porque se torna um lugar de consumo e consumo de lugar. Afinal, as pessoas também consomem espaço e fazem uso dele. E é no tecido urbano (portador de urbanidade) que está a centralidade da cidade. Nesse sentido, os usos, as significações e as utilizações que os cidadãos dão aos espaços da cidade fazem com que a cidade sobreviva e se faça pulsante.

Essa união entre a memória e a paisagem faz com que os usos da cidade e seus múltiplos atores dotem os espaços de significações, representações e ações cotidianas. Torna-se importante:

> Procurar no espaço da cidade a visibilidade da sua história é buscar a memória, e a memória encontra-se nessa paisagem, conjunto de tudo que descortina pessoas, instituições, arte, literatura e que possa falar e construir a história desta cidade. Por conseguinte, observamos a cidade, o lugar de produção de sentidos, com um olhar plural e verificando que o seu verdadeiro significado encontra-se na relação homem/lugar. (ARARIPE, 2004, p. 76).

Todos os elementos que compõem o entorno do Theatro Municipal na atualidade apresentam nuances e simbolizações das diferentes pessoas que ali vivem, transitam, trabalham, visitam ou praticam. A cidade é uma prática, e essa prática é a soma do tempo vivido (passado) com o tempo em vivência (presente). Nessa equação, emoções, sentimentos e monumentos se estilizam, não perdendo sua história, mas reafirmando-a com novas utilizações, intervenções. Assim, longe de demonizar ou excluir os grupos de skate e de outras atividades esportivas, culturais e políticas que, naquele entorno, se ajuntam e se apresentam, é perspicaz incluí-los como parte da nova configuração daquele espaço, que é fruto desse tempo. A monumentalidade do edifício, longe de ser esquecida, violada ou encoberta, passa a ser mais vista, ganha novas formas de visibilidade e novos públicos. Se, até pouco tempo, ali apenas circulavam internamente membros dos corpos artísticos do município e público da ópera, com esses grupos novos ocupando o entorno, novos personagens entram em cena e dão à cidade um tom hodierno e atual.

A paisagem da região toma novos sentidos e novas sensibilidades. Entendemos paisagem como uma primeira visão que um sujeito tem com os lugares, ambientes, "isto é, com as maneiras pelas quais seus sentidos se apropriam das sensações, mas, ainda, elas não possuem um sentido próprio. É, em outras palavras, o contato com a aparência dos lugares" (SANTOS, 2006, p. 37). Para Milton Santos, geógrafo brasileiro:

> A paisagem nada tem de fixo, de imóvel. Cada vez que a sociedade passa por um processo de mudança, a economia, as relações sociais e políticas também mudam, em ritmos e intensidades variados. A mesma coisa acontece em relação ao espaço e à paisagem que se transforma para se adaptar às novas necessidades da sociedade. (SANTOS, 1997, p. 37).

A paisagem requer sempre de um processo de associação, mas é, ao mesmo tempo, contínua no espaço e no tempo, é básica sem ser totalizante, resulta sempre de uma mistura, um mosaico de tempos e objetos datados, de formas e práticas. A paisagem pressupõe, também, um conjunto de formas e funções em constante transformação, seus aspectos "visíveis", mas, por outro lado, as formas e as funções indicam a estrutura espacial, em princípio, "invisível", e resultam sempre do casamento da paisagem com a sociedade.

O devir da cidade: a São Paulo artefato multicultural

São Paulo, cidade global, segue um ritmo, uma constância peculiar que se estabelece como uma cidade movimentada, "cidade que nunca dorme". Nesse sentido, escrever ou pensar sobre uma área dessa metrópole requer visualizar o que e quem se estabeleceu ali. Historicizar o Theatro Municipal e seu entorno é destacar que a cidade se constitui de um artefato multicultural. Mas o que seria isso?

Ulpiano Meneses propõe três dimensões para a cidade: o artefato, o campo de forças e as representações sociais. Eles não são, segundo o autor, estratos ou divisões, mas focos diversos para analisar a cidade.

> Artefato, no sentido mais genérico, é um segmento da natureza física socialmente apropriado, isto é, ao qual se impôs, segundo padrões sociais, uma forma ou uma função ou um sentido (seja conjuntamente, seja isoladamente ou em diversas combinações). Foi na condição de artefato que a cidade mereceu maior atenção dos estudiosos. Grande parte da literatura de história urbana, por exemplo, diz respeito à cidade tratada como artefato complexo: é a história dos padrões locacionais, das configurações topográficas, dos traçados urbanos e das formas arquitetônicas, dos arranjos espaciais, das estruturas, equipamentos, infinitos objetos. Mas tal artefato não se gerou numa atmosfera abstrata: foi produzido no interior de relações que os homens desenvolvem uns com os outros. (MENESES, 2017, p. 36).

Pensar a cidade de São Paulo como um artefato multicultural é verificá-la encará-la como um lugar de encontro e miscelânea, local que se transforma, se renova e se abre ao novo sem esquecer o já existente. Marshall Berman (1986, p.15) nos diz que a experiência ambiental da modernidade rompe qualquer fronteira geográfica. A modernidade também "une a espécie humana. Porém, é uma unidade paradoxal, uma unidade de desunidade: ela nos despeja a todos num turbilhão de permanente desintegração e mudança, de luta e contradição, de ambiguidade e angústia" (BERMAN, 1986, p. 15). Logo, um artefato cultural multicultural é fruto da modernidade iniciada nos primórdios do século passado e que se renova e se reutiliza constantemente, ainda em nossos dias.

Consideramos, assim, que todo esse processo de urbanização, que continua ocorrendo no entorno do Theatro Municipal de São Paulo, foi pensado pelo homem, idealizado por razões sociais, visto que:

> É a sociedade, isto é, o homem que anima as formas espaciais, atribuindo-lhes um conteúdo, uma vida. *Só a vida é passível desse processo infinito que vai do passado ao futuro, só ela tem o poder de tudo transformar amplamente.* Tudo o que retira sua significação desse comércio com o homem, é incapaz de um movimento próprio, não pode participar de nenhum movimento contraditório, de nenhuma dialética. (SANTOS, 2006, p. 70, grifos nossos).

A modernidade na região que aqui apresentamos não modificou ou modificará apenas a geografia e o traçado urbano, porém tentou alterar o estilo de vida e a sociabilidade da população local, quer seja a nativa, quer seja a estrangeira, aquela que veio residir nessa cidade, porém essas mudanças se deram de forma híbrida. Houve muitas resistências políticas, e muitas práticas foram e continuam sendo ressignificadas, pois cultura se dá nas sociabilidades, nas práticas cotidianas que os cidadãos dão à cidade. Vale destacar a velocidade com que as transformações acontecem. A diversidade da sociabilidade humana (da vida urbana) torna-se latente com o crescimento da cidade.

Ulpiano Meneses destaca que a cidade não é apenas um artefato que socialmente se produz, como uma máquina. As práticas que moldam as funções e o instituem como "artefato também lhe dão sentido e inteligibilidade e, por sua vez, alimentam-se, elas próprias, de sentido. Por isso, a cidade é também representação, imagem". É sumário considerar que os habitantes, os cidadãos, se fazem da cidade ou de

> [...] fragmentos seus é fundamental para a prática da cidade. Apesar da voga recente do imaginário urbano como tema de estudo, é raro encontrá-lo inserido entre as demais dimensões e tratado adequadamente como fenômeno social (MENESES, 2017, p. 36).

A cidade de São Paulo cresceu numa velocidade tão grande a ponto de apagar, no espaço de uma vida humana, o ambiente de uma geração anterior. As lembranças são mais duradouras que o cenário construído, e não encontraram nele um apoio e um reforço. Assim sendo, estudos históricos se tornaram, então, duplamente necessários, para que não caíssem no esquecimento os lugares da vida passada e para restituir profundidade à experiência do ambiente urbano. São Paulo é uma cidade que passou por várias transformações, em breves períodos de sua história, como cidade importante (AVELINO, 2016).

O artefato multicultural faz com que uma cidade como São Paulo apresente formas de uso do seu espaço em consonância com os anseios, gostos e costumes de diferentes entes que exercem suas práticas em sintonia. Longe de haver uma guerra ou luta por posse exclusiva da área, o que houve foi uma mescla na qual cada manifestação utiliza do espaço sem incomodar, ou sem interferir.

Pensar a cidade como ação do tempo e as dimensões que os homens dão aos espaços requer verificar a geo-história do lugar. A área que escolhemos mostra-se atualmente em profundas ocupações socioculturais e, a cada momento, reconfigura-se como um lugar de consumo e um consumo de lugar. Seguindo a teoria proposta pelo filósofo Henri Lefebvre (2001), houve, possivelmente, diferentes fatos que apresentaram as contradições da vida urbana, pois os violentos contrastes entre riqueza e pobreza, poderosos e oprimidos, não impedem o apego a cidade, nem a contribuição ativa para a beleza da obra. Isso é visível à medida que o poder público travou uma luta, utilizando meios legais para alterar a topografia da cidade, a sociabilidade e, consequentemente, a geoestrutura do cotidiano citadino. E nisso os atores de diferentes correntes adentram a espaços e reconfiguram a cidade.

Se, num momento da história, as pessoas que não se enquadravam nos padrões estabelecidos eram expelidas aos subúrbios, hoje as práticas outrora silenciadas são trazidas à tona em ocupações dinâmicas que reconfiguram locais da cidade.

Para caracterizarmos o subúrbio, utilizamos o proposto por Henri Lefebvre (2001), pois os subúrbios foram criados para impelir, afastar para mais distante, aqueles que não se enquadraram na postura da cidade. A suburbanização descentraliza a cidade, "afasta da cidade o proletariado" (LEFEBVRE, 2001, p. 25).

Nesse sentido, grupos sociais e culturais, antes espacialmente "marginalizados" ou expelidos para subúrbios, hoje adentram o centro e ali se fazem notar. Lefebvre esclarece, ainda, que a cidade gera utopias, e "a utopia apega-se a múltiplas realidades, mais ou menos longínquas, mais ou menos conhecidas, desconhecidas, mas conhecidas", a utopia desapega-se da vida real cotidiana e não nasce mais nos silêncios, nas ausências e lacunas que moldam com crueldade a realidade urbana. "O olhar se desvia, deixa o horizonte, perde-se nas nuvens, alhures". As cidades, ao se verticalizarem, perdem de vista seus horizontes, nosso olhar se dirige pra cima, e "tamanho é poder que a ideologia tem de desviar, no exato instante em que não se crê mais na ideologia, mas sim no realismo e no racionalismo" (LEFEBVRE, 2001, p. 123).

O olhar, ao se dirigir para cima nas cidades, impulsiona também a realização de atividades em que o expectador olhe para cima – seja um balé aéreo, seja uma manobra altíssima de um skatista. E isso tudo culmina no entorno do Theatro Municipal. Isso tudo faz com que o monumento assuma novas funções, sem deixar de simbolizar o ideal, a função e a historicidade que possui. O monumento tem como características, segundo Jacques Le Goff (2013, p. 37), ligar-se ao "poder da perpetuação" voluntária ou involuntária das cidades e sociedades históricas, sendo assim apontado como "um legado à memória coletiva"; funciona como um estímulo a testemunhos, lembranças e demais conotações do espaço.

A cidade de São Paulo desponta como um caleidoscópio cultural; a cada instante surgem novidades e práticas do espaço. Segundo Marshal Berman (1986, p. 162), essa "velha rua moderna, com sua mistura de pessoas e tráfego, negócios e residências, ricos e pobres", é o próprio símbolo da experiência da modernidade, "meio no qual a totalidade das forças materiais e espirituais modernas podia se encontrar, chocar-se e se misturar para produzir seus destinos e significados últimos". Na mesma linha de pensamento, a escritora Jane Jacobs, no seu *The Death and Life of Great American Cities* (1992), compara o complexo movimento da rua com a dança, onde o "balé das calçadas nunca se repete: em cada lugar está sempre repleto de novas improvisações" (p. 50). Essa sinergia e essa constância se fazem presentes no espaço que nos propomos a analisar neste texto.

Uma das práticas modernas que vêm sendo realizadas no entorno do Theatro é o *slackline*. Tratasse de uma modalidade de atividade, exercício físico que consiste em movimentos estáticos ou dinâmicos sobre uma fita flexível. Essa fita é fixada em dois pontos que podem ser de estruturas até árvores. No caso, a que acontece no entorno do Municipal é fixada na sede da Prefeitura e estende-se até o prédio da Companhia de Engenharia de Tráfego CET, na rua Barão de Itapetininga.

Imagem 7 – Prática de slackline

Foto: Bruno M. Braga, 2022 (acervo pessoal)

São os novos limites e atividades que passam a ser exercidas naquele lugar. Importante verificar que o alcance está subindo, verticalizando, também, assumindo assim uma simbiose com o entorno edificado que se estende acima.

Considerações finais

Falar de usos e espacialidades na cidade de São Paulo é falar de uma mistura peculiar: de um lado, temos uma cidade que avança, que se molda a partir de gostos daqueles e daquelas que vêm residir ou habitar seu espaço.

A cidade que cresce, avança e se moderniza no início do século XX legou uma variedade de espaços com uma arquitetura rebuscada, elegante, o que, naquele momento, eram exigências nos padrões de urbanidades, largas praças e avenidas, combinadas com a arte daquele momento: a ópera. A sociedade e o poder público queriam ter sua casa de óperas glamurosa, e conseguiram. Naqueles anos, quem basicamente adentrava e circulava naquele entorno eram pessoas de posses ou de influências ligadas majoritariamente aos negócios do café, que ouviam de Tchaikovsky a Villa Lobos cotidianamente e viam de Bizet a Carlos Gomes com a mesma referência.

O espaço e seu entorno, que já foi outrora sede da Semana de Arte Moderna e viu a efervescência do grupo do modernismo paulista seguindo a lógica do seu tempo, tornam-se constantemente palco de acontecimentos que sinalizam a historicidade da cidade e assumem com visibilidade o cotidiano. Acompanhando as ideias de Certeau, compreendemos então o cotidiano como local onde se estabelecem as práticas sociais, pois, embora cumpram com o poder estabelecido, as táticas não obedecem à lei do lugar, pois elas só podem utilizar, manipular e alterar espaços. Pode-se supor que essas operações multiformes e fragmentários relativas a ocasiões e a detalhes, insinuadas e escondidas nos aparelhos dos quais elas são os modos de usar e, portanto, desprovidas de ideologias ou de instituições próprias, obedecem a regras. Noutras palavras, deve haver uma lógica nessas práticas. Isso significa voltar ao problema, já antigo, do que é uma arte ou "maneiras de fazer".

> Dos gregos a Durkheim, passando por Kant, uma longa tradição tentou precisar as formalidades complexas (e não de todo simples ou "pobres") que podem dar conta dessas operações. Por esse prisma, a "cultura popular" se apresenta diferentemente, assim como toda uma literatura chamada "popular": ela se formula essencialmente em "artes de fazer" isto ou aquilo, isto é, em consumos combinatórios e utilitários. Essas práticas colocam em "uma ratio popular" (CERTEAU, 2012, p. 31),

uma maneira de pensar investida numa maneira de agir, uma arte de combinar indissociável de uma arte de utilizar.

A utilização do espaço entorno do Theatro Municipal hoje abre um leque de possibilidades e discussões que fogem deste texto, como mendicância, pessoas em situação de rua, tomada de calçadas e vielas por ambulantes e comerciantes, imagem do urbano dos prédios hodiernos e dos históricos, dentre outros usos do espaço. Ao destacar a atuação de grupos culturais e esportísticos, procuramos apresentar uma São Paulo de práticas, enérgica em ações envoltas a esse espaço da cidade, que não somente é mais um lugar da antiga "alta cultura".

Se a arte ilustra valores de uma cultura e não se presta a fornecer a confirmação de um saber que poderia adquirir de outras formas, a utilização dos espaços por variados grupos, seja em forma de arte, seja em forma de lazer/desporto, apresenta que as atividades exercidas procuraram ultrapassar os sistemas de classificação, aos quais uma sociedade confirma suas representações provisórias do mundo.

A arte não reproduz a realidade exterior, mas a transforma, exprimindo o que nela está reprimido ou latente" (AVELINO, 2012, p. 249). Logo, ao tomarmos por análise o entorno do Municipal de São Paulo, obra arquitetônica conduzida por Ramos de Azevedo e equipe, percebemos que eles optaram por representar essa realidade externa do cotidiano da cidade e expressar aquilo que mais despertou sua atenção.

Imagem 8 – Grupo de indígenas na escadaria do Municipal reivindicando e comemorando o Dia Internacional dos Povos Indígenas (09/08/2022)

Foto: Bruno M. Braga, 2022 (acervo pessoal)

Se pensarmos que Oswald de Andrade, Mário de Andrade, Heitor Villa-Lobos, Mario del Monaco, Bidu Sayão, Renata Tebaldi, Maria Callas, Tito Schipa, Zinka Milanov, Agnes Ayres, Gino Bechi, Fedora Barbieri, Tito Gobbi, Paulo Fortes, entre outros grandes nomes da cena lírica e artística internacional, já subiram aquelas escadas e estiveram em seu frontão, podemos perguntar-nos de quem é aquele espaço ou quem as sobe hoje?

No dia 9 de agosto de 2022, enquanto a Orquestra Sinfônica estava nas últimas afinações de seus acordes e o público aguardava no saguão a abertura da Sala de Espetáculo, a fim de ver a audaciosa e inovadora montagem de *O Amor das Três Laranjas – L'Amour des Trois Oranges –*, ópera de Sergei Prokofiev, fomos surpreendidos por uma movimentação externa. Um carro de som, seguido por diferentes pessoas, tomou a frente do Theatro e dali manifestaram suas inquietações, aspirações. Tratava-se de um grupo de indígenas de diferentes etnias que, naquele 9 de agosto, em forma de manifesto, comemoravam o Dia Internacional dos Povos Indígenas.

A imagem anterior mostra o exato momento em que os indígenas se colocavam na escadaria do Theatro e, com palavras de ordem, cartazes e faixas, manifestavam suas inquietações ante àquilo que estavam vivendo. Parece algo que a sociedade dos primórdios do século XX nunca viu ou pensaria ver: mulheres e homens indígenas no entorno do Municipal. A ressignificação dos espaços faz novos personagens entrarem em cena, serem vistos.

Ao analisar, na cidade e no espaço, as diversas trocas culturais que existem nesse momento, vê-se que seu discurso vai muito além de uma simples adaptação de roupas e acessórios de moda, ou formalidades. As trocas são maneiras de resignificar e usar o mundo, uma vez que, como teoriza Certeau (2012, p. 38), "que cada individualidade é o lugar onde atua uma pluralidade incoerente (e muitas vezes contraditória) de suas determinações relacionais," ou seja, o que parece ser singular e praticado igual por todos nem sempre o é. Isso gera uma resistência e "maneiras de fazer" uso de costumes e hábitos que não eram seus.

Canclini, ao analisar a influência da tradição e seus usos na modernidade, nos mostra que o patrimônio cultural, cheio de fazeres de culturas mistas, nos apresenta uma ruptura à teatralização do poder, uma vez que esse patrimônio cultural "se apresenta alheio aos debates sobre a modernidade ele constitui o recurso menos suspeito para garantir a cumplicidade social". Parece que o patrimônio não faz as pessoas se sentirem representadas. Por isso, importante aceitar as novidades, os usos do espaço pelos contemporâneos, sendo que "esse conjunto de bens e práticas tradicionais que nos identificam como nação ou como povo é apreciado como dom, algo que recebemos do passado como tal prestígio simbólico que não cabe discuti-lo" (CANCLINI, 2000, p. 160).

> As únicas operações possíveis – preservá-lo, restaurá-lo, difundi-lo, – são a base mais secreta da simulação social que nos mantêm juntos. [...] A perenidade desses bens leva a imaginar que seu valor é inquestionável e torna-os fontes do consenso coletivo, para além das divisões entre classes, etnias e grupos que cindem a sociedade e diferenciam os modos de apropriar-se do patrimônio. (CANCLINI, 2000, p. 160).

Nisso, o patrimônio cultural, quer seja material, quer seja imaterial, assume a função de reverberar toda a trajetória de um passado, de um fazer que se quer materializar, mas a modernidade também quer ser lembrada, ela exige seu espaço, e isso tona a cidade um eterno lugar de memórias dessas, daquelas e das futuras gerações, cada uma deu, da ou dará sentido aos espaços a partir do seu uso peculiar.

Fredrik Barth (2000, p. 26) nos mostra que, em cada cultura, há uma unidade étnica correspondente. Essa visão forma um grupo limitado de pessoas. Cultura para esse teórico é entendida como uma maneira de descrever o comportamento humano. O interessante é que Barth nos esclarece que as diferenças culturais recebem bastante atenção dos estudiosos, porém a composição dos grupos étnicos e a natureza de sua fronteira são pouco pesquisadas. Assim, generalizações se tornam empecilhos na produção de pesquisas culturais, na medida em que tais ações não mostram as nuances, as práticas sociais, em perspectiva detalhada, É o caso do conceito sociedade que se tornou abstrato, pois não apresenta as escalas micro, mostra apenas uma versão na qual todos agem singularmente, não se vê o micro, aquilo que é essencial em se fazer história, apresentar que a realidade é sempre complexa, múltipla com diversos atores em formação constante.

Referências

ARARIPE, F. M. A. Do patrimônio cultural e seus significados. **Transinformação**, Campinas, n. 2, v. 16, p. 111-122, maio/ago. 2004. Disponível em: https://www.scielo.br/scielo.php?pid=S0103-37862004000200001&script=sci_arttext. Acesso em: 20 out. 2020.

AVELINO, Y. D. Os Labirintos da Arte de Narrar: História e Literatura. *In*: CAR-VALHO, A. M.; FLÓRIO, M.; AVELINO, Y. D. (org.). **História, Cotidiano e Linguagens**. São Paulo: Expressão & Arte, 2012. p. 249-268.

AVELINO, Y. D. São Paulo: Universidade e Modernidade (1934-1946). *In*: AVE-LINO, Y.D, MONTEIRO A. *et al.* (org.). **Tecituras das Cidades**: História Memória e Educação. Jundiaí: Paco Editorial, 2016. p. 189-208.

AVELINO, Y. D. Territórios de Exclusão Social: A Cidade e a Saúde Pública (1889-1930). *In:* ENCONTRO REGIONAL DE HISTÓRIA: Poder, Violência e Exclusão. ANPUH/SP – USP, 19., 08 a 12 de setembro de 2008. **Anais** [...]. São Paulo, 2008. Disponível em: http://legacy.anpuh.org/sp/downloads/CD%20XIX/PDF/Seminarios%20Tematicos/ST%2015%20Ivone%20Dias%20Avelino%20e%20M.%20Izilda%20Santos%20de%20Matos/Yvone%20Dias%20Avelino.pdf. Acesso em: 22 abr. 2023.

BARTH, F. **O guru, o iniciador e outras variações antropológicas**. Trad. de John Cunha Comerford. Rio de Janeiro: Contra Capa Livraria, 2000.

BERMAN, M. **Tudo que é sólido desmancha no ar:** A aventura da Modernidade. Trad. de Carlos Felipe Moisés e Ana Maria L. Toratti. São Paulo: Companhia das Letras, 1986.

BRESCIANI, M. S. Cidade e História. *In*: OLIVEIRA, L. L. (org.). **Cidade História e Desafios**. Rio de Janeiro: Editora FGV, 2002. p. 16-35.

CANCLINI, N. G. **Culturas Híbridas:** Estratégias para Entrar e Sair da Moder-nidade. Trad. de Heloísa Pezza Cintrão. São Paulo: Editora da Universidade de São Paulo, 2000.

CERTEAU, M. de. **A Invenção do Cotidiano:** 1 – Artes de Fazer. 19. ed. Trad. de Ephraim Ferreira Alves. Rio de Janeiro: Vozes, 2012.

COSTA, R. S. **Parnaso Paulistano:** história, arquitetura e decoração do Teatro Municipal de São Paulo. 2017. Tese (Doutorado em História) – Universidade Estadual de Campinas – UNICAMP, Campinas, São Paulo, 2017.

D'ALESSANDRO, A. **A Escola Politécnica de São Paulo** (A História de sua His-tória). São Paulo: Empresa Gráfica da Revista dos Tribunais, 1943.

ELLIS, M. **O Café, Literatura e História**. São Paulo: Melhoramentos/USP, 1977.

FAERMAN, M. A Força do Destino: Histórias do Arquiteto que nasceu para a Glória. **Revista Cidade**, ano V, n. 5, p. 64-81, jan. 1998.

FAUSTO, B. Expansão do Café e Política Cafeeira. *In*: FAUSTO, F.; HOLANDA S. B. de. **História Geral da Civilização Brasileira**. O Brasil Republicano. Tomo III, vol. 8. Rio de Janeiro: Bertrand Brasil, 1989. p. 195-248.

JACOBS, J. **The Death and Life of Great American Cities**. New York: Vintage Books Edition, 1992.

LE GOFF, J. **História e Memória**. Trad. de Bernardo Leitão. Campinas, SP: Editora da Unicamp, 2013.

LEFEBVRE, H. **O Direito à Cidade**. Trad. de Rubens Eduardo Frias. São Paulo: Centauro, 2001.

LEITE, E.; MARQUES, J. Patrimônio cultural: o registro das Américas nas novas sete maravilhas. *In*: AJZENBERG, E. (coord.). **América, Américas:** arte e memória. São Paulo: MAC-USP; Programa Interunidades de Pós-Graduação em Estética e História da Arte, 2007. p. 237-246.

LENCIONI, S. Observações sobre o conceito de cidade e urbano. **Revista GEOUSP – Espaço e Tempo**, São Paulo, n. 24, p. 109-123, 2008.

MARTINS, A. L. **História do Café**. São Paulo: Editora Contexto, 2008.

MENESES, U. T. B. de. **A cidade como bem cultural:** áreas envoltórias e outros dilemas, equívocos e alcance na preservação do patrimônio ambietal urbano. WordPress, 2017. Disponível em: https://patrimonioeconservacao.files.wordpress. com/2017/11/a-cidade-como-bem-cultural-ulpianotoledobezerra.pdf. Acesso em: 3 maio 2023.

SANTOS, M. **A Natureza do Espaço:** Técnica e Tempo, Razão e Emoção. 4. ed. São Paulo: Editora da Universidade de São Paulo, 2006.

SANTOS, M. C. L. **Escola Politécnica da Universidade de São Paulo – 1894-1984**. São Paulo: Imprensa Oficial do Estado, 1985.

SANTOS, M. **Pensando o espaço do homem**. 4. ed. São Paulo: Hucitec, 1997.

Capítulo 5

RAUL SEIXAS: A MOSCA NA SOPA DA DITADURA MILITAR: TRAJETÓRIA, CENSURA, TORTURA E EXÍLIO

Maria Izilda Santos de Matos
Paulo dos Santos

Não bulo com governo, com polícia, nem censura
É tudo gente fina, meu advogado jura
Já pensou o dia em que o Papa se tocar
E sair pelado pela Itália a cantar
(SEIXAS; COUTINHO e AZEREDO, "Quando acabar
o maluco sou eu", 1987)

Raul Seixas (1945-1989) teve uma produção musical marcada pelo espírito inovador, crítico, político, satírico, místico e pela divulgação da Sociedade Alternativa. Ele trilhou caminhos para expressar as insatisfações ante o sistema vigente. Esses escritos objetivam recobrar e discutir algumas questões sobre a trajetória e produção artística de Raul, particularizando seus enfrentamentos com a censura durante o período da Ditadura Militar e de perseguição, prisão, tortura e autoexílio.

Trajetória artística: rock, crítica ao sistema e busca por uma Sociedade Alternativa

Nascido em Salvador (1945), Raul Seixas, na sua juventude, foi influenciado musicalmente pelo rock, sendo admirador de Elvis Presley e Beatles. Em 1962, ele fundou o grupo musical Os Relâmpagos do Rock, posteriormente, renomeado Os Panteras (Délcio Gama, Thildo Gama). A partir de 1964, já com o nome Raulzito e os Panteras, a banda fazia sucesso com um repertório jovem, baseado no rock, e se apresentava em programas de rádio e televisão baianos, excursionando pelo interior do estado. Acompanhou cantores da Jovem Guarda durante suas apresentações em Salvador, entre eles Roberto Carlos, Wanderléa, Wanderley Cardoso e Jerry Adriani, que convidou o grupo para se exibir no programa *A Grande Parada*, na TV Tupi, do Rio de Janeiro. Após essa apresentação, eles conseguiram gravar seu primeiro disco pela Odeon. Sem muito impacto, em 1967), acabaram voltando desiludidos para Salvador.

Em 1969, Raul Seixas recebeu novo convite de Jerry Adriani, para trabalhar como produtor musical na CBS Discos, na qual permaneceu até 1972. Nesses anos, compôs cerca de 80 músicas e produziu álbuns para artistas como Jerry Adriani, Trio Ternura, Renato e Seus Blue Caps, Leno e Lílian, Ed Wilson, Diana e Odair José, entre outros. Adquiriu prestígio e emplacou alguns sucessos como *Tudo que é bom dura pouco, Se pensamento falasse* e *Doce, doce amor*, na interpretação de Jerry Adriani; *Ainda queima a esperança*, com Diana; *Um drink ou dois* e *Objeto voador*, com Leno e Lílian.

Em 1971, lançou o álbum *Sociedade da grã-ordem kavernista apresenta sessão das dez*, fazendo uma sátira aos padrões comportamentais vigentes e baseando-se na hibridação de diferentes sons e influências (dos Beatles a Frank Zappa).

Demitido da CBS Discos, concentrou sua carreira na interpretação de suas composições. Em 1972, inscreveu-se no VII Festival Internacional da Canção, da TV Globo, com duas músicas, que foram classificadas para as finais: *Eu sou eu, Nicuri é o Diabo* (SEIXAS; WISNER, 1972), interpretada pelo grupo Os Lobos; e *Let me sing, let me sing* (SEIXAS; WISNER, 1972), cantada por ele, que se apresentou performaticamente, imitando seu ídolo Elvis Presley, sem os cabelos longos, a barba e os óculos escuros que marcariam sua imagem. Raul Seixas foi contratado pela Philips e, no mesmo ano, gravou seu primeiro compacto simples, com as músicas *Let me sing, let me sing* e *Teddy Boy rock e brilhantina*.

Entre os vários segmentos presentes no cenário musical brasileiro no início da década de 1970, no dito "rock nacional", destacavam-se Secos e Molhados, Tutti Frutti, Made in Brazil, Mutantes e Rita Lee. Nesse campo, Raul Seixas passou a se destacar como compositor e intérprete, recriando o gênero (NAPOLITANO, 2001) com letras que abordavam questões metafísicas, filosóficas e políticas, com críticas ao sistema vigente, à burocracia e a instituições como a Igreja e o Estado, já que os considerava *Monstro Sist*[22].

---

[22] Conforme o cantor mencionou várias vezes em entrevistas, o *Monstro Sist* era o sistema vigente, aquele que dava ordens. Essas ideias tinham como matrizes o ocultista inglês Aleister Crowley e o anarquista Pierre-Joseph Proudhon.

Em 1973, o artista gravou um compacto simples com as canções *A hora do trem passar* (SEIXAS; COELHO, 1973) e *Ouro de tolo* (SEIXAS, 1973), conseguindo sucesso nacional, passando a se apresentar em programas de rádio, TV e shows por todo o país. Então foi convidado para lançar um álbum, *Krig-há, bandolo!,* incluindo as canções *A mosca na sopa* (SEIXAS, 1973), *Al Capone* (SEIXAS; COELHO, 1973) e *Metamorfose Ambulante* (SEIXAS, 1973) – "prefiro ser essa metamorfose ambulante, do que ter aquela velha opinião formada sobre tudo" –, com repercussão e sucesso em todo o país.

Em seus shows, eram distribuídos gibis-manifestos[23], panfletos de autoria de Raul Seixas e Paulo Coelho, pelos quais denunciavam os poderes estabelecidos e apregoavam uma Sociedade Alternativa, na qual todos estariam livres para viver conforme suas próprias leis, sem receber ordens superiores, sem governo nem opressão.

No ano seguinte, com o álbum *Gita*[24], um novo sucesso, assinou contrato com a Rede Globo de Televisão para a produção de videoclipes para as músicas *Sociedade Alternativa* (SEIXAS; COELHO, 1974), *Trem das Sete* (SEIXAS, 1973) e *Gita* (SEIXAS; COELHO, 1974). Compondo ao lado de Paulo Coelho, entre 1975 e 1977, lançou os álbuns *Novo Aeon* e *Há 10 mil anos atrás* (SEIXAS; COELHO, 1976), e a canção título se tornaria uma das mais conhecidas do cantor.

Apesar do sucesso, o artista enfrentava problemas de saúde, tensões com o parceiro Paulo Coelho e ruptura com a gravadora Philips. Raul Seixas foi contratado pela WEA Warner Bros, pela qual lançou três álbuns: *O dia em que a Terra parou* (1977), *Mata virgem* (1978) e *Por quem os sinos dobram* (1979). As composições contavam com um novo parceiro, Cláudio Roberto Azeredo. Nesses anos, destacou-se, entre suas composições, *Maluco Beleza* (SEIXAS; AZEREDO, 1977).

Em 1980, com o álbum *Abre-te Sésamo*, gravado pela CBS Discos, emplacou novos sucessos. Raul declarou que o título do álbum era uma homenagem à abertura política do país, em que se destacaram *Rock das aranha* (SEIXAS; AZEREDO, 1980) e *Aluga-se* (SEIXAS; AZEREDO, 1980).

Raul foi internado devido a problemas ocasionados pela dependência do álcool (1981). Nesse momento, também enfrentava dificuldades financeiras e tinha rescindido o contrato com a CBS. Sem gravadora nem novos

---

[23] Esses gibis-manifestos traziam textos de Raul Seixas e Paulo Coelho e desenhos feitos por Adalgisa Rios, então esposa de Paulo.

[24] A palavra *Gita* foi extraída o livro mais importante do hinduísmo *Bhagavat Gita*, significa "Sublime Canção".

discos, o artista realizou shows, alguns, como o da Praia do Gonzaga, em Santos, com a presença de mais de 180 mil espectadores.

Em 1983, o artista ressurgiu nas paradas de todo o país com um novo álbum, *Raul Seixas* (selo Eldorado), dando ao artista seu segundo disco de ouro. Com a canção *Carimbador maluco* (SEIXAS, 1983), participou do especial infantil da TV Globo, que levou o nome do refrão da música, *Plunct Plact Zumm*.

> Cinco, quatro, três, dois...
>
> Parem! Esperem aí!
>
> Onde é que vocês pensam que vão?
>
> Hum, hummm...
>
> Plunct-Plact-Zum
>
> Não vai a lugar nenhum...
>
> Tem que ser selado, registrado
>
> Carimbado, avaliado e rotulado
>
> Se quiser voar...

Apesar do sucesso com o público infantil, Raul explicou que a música havia sido inspirada na obra do anarquista Pierre-Joseph Proudhon (1809-1865).

> [...] Ser governado é ser, a cada operação, a cada transação, a cada movimento, notado, **registrado**, recenseado, tarifado, **selado**, medido, cotado, **avaliado**, patenteado, licenciado, autorizado, **rotulado**, admoestado, impedido, reformado, reenviado, corrigido [...]. (PASSOS; BUDA, 1992, p. 35).

Paralelamente ao sucesso desse álbum, Raul Seixas lançou o livro *As aventuras de Raul Seixas na cidade de Thor*, pela Shogun Editora e Arte, de Paulo Coelho. Era uma espécie de autobiografia, com histórias de personagens que criava desde a infância.

O álbum *Raul Seixas ao vivo, único e exclusivo* (selo Eldorado) foi gravado ao vivo, no show realizado na Sociedade Esportiva Palmeiras/SP, em 1983, em que rememorava os primórdios do *rock and roll*.

Em 1984, lançou o álbum *Metrô linha 743* (Som Livre), sem grande repercussão, com exceção da canção *Mamãe eu não queria* (SEIXAS, 1984), que sofreu censura e precisou de ajustes.

HISTÓRIA E CIDADES

Depois de um hiato de mais de dois anos, Raul Seixas voltou a gravar, contratado pela Copacabana. O álbum *Uah-Bap-Lu-Bap-Lah-Béin-Bum!*, que, em virtude dos seus problemas de saúde, só foi lançado em 1987. Foi um grande sucesso e ele ganhou seu terceiro disco de ouro, destacando-se a canção *Cowboy fora-da-lei* (SEIXAS; AZEREDO. 1987), incorporada à trilha sonora da novela *Brega e Chique*, da Rede Globo.

O álbum *A pedra do Gênesis* (1988) tinha como destaque a canção *A lei* (SEIXAS, 1988), uma continuação à canção *Sociedade Alternativa*.

> Todo homem tem direito
>
> De pensar o que quiser
>
> Todo homem tem direito
>
> De amar a quem quiser
>
> Todo homem tem direito
>
> De viver como quiser
>
> Todo homem tem direito
>
> De morrer quando quiser
>
> Direito de viver
>
> Viajar sem passaporte
>
> Direito de pensar
>
> De dizer e de escrever
>
> Direito de viver
>
> Pela sua própria lei [...]

Entre 1988 e 1989, realizou, com Marcelo Nova, uma turnê pelo país, num total de 50 shows. Durante as apresentações, gravou o álbum *A panela do Diabo*, lançado no dia 19 de agosto de 1989, dois dias antes da sua morte, que ocorreu devido a um ataque cardíaco em decorrência da cirrose hepática e da pancreatite crônica.

Sob a vigilância da Censura: controle e resistência

Depois do Ato Institucional n.º 5, de 13 de dezembro de 1968, decretado pelo então presidente Costa e Silva, as ações repressivas e de censura se expandiram[25]. Mediante o Decreto 1.077/70, de 26/01/1970, a censura

---

[25] A função da Polícia, das Forças Armadas e da Censura era fazer o que fosse possível para manter a "ordem vigente", para tanto, atuava vigiando, prendendo, punindo e torturando (tortura física e psicológica foi utilizada pelas instituições repressoras para intimidação, confissões e delações). Foram criados órgãos de controle repressivo ligado ao exército, o Comando Operacional de Defesa Interna (CODI) e o Destacamento de Operações Internas

prévia passou a ser da responsabilidade do Ministério da Justiça, e, a partir de setembro de 1972, a Polícia Federal se tornou responsável direta pela censura, com o objetivo de "estruturar o sistema de segurança e assegurar a permanência da moral e dos bons costumes" (SKIDMORE, 2000).

A censura buscava controlar a imprensa, o teatro, o cinema, os shows, o rádio, a televisão e a produção musical. Neste caso, o objetivo era eliminar letras que fizessem menções contrárias ao regime militar e/ou que propagassem costumes que infringissem as normas vigentes (RIDENTI, 2004; KUSHINIR, 2004; MOBY, 1994; NAPOLITANO, 2001).

Nas décadas de 1970 e 1980, Raul Seixas gravou 20 álbuns, com cerca de 300 canções, segundo o cantor, 18 delas foram censuradas. Desde suas primeiras composições, Raul enfrentou problemas com a censura, sendo que algumas foram consideradas "subversivas", como a canção *Mosca na Sopa*, que os censores alegavam ter a intenção de perturbar a ordem vigente.

> Eu sou a mosca que pousou em sua sopa
>
> Eu sou a mosca que pintou pra lhe abusar
>
> Eu sou a mosca que perturba o seu sono
>
> Eu sou a mosca no seu quarto a zumbizar
>
> E não adianta vim me detetizar
>
> Pois nem o DDT pode assim me exterminar
>
> Porque você mata uma
>
> E vem outra em meu lugar
>
> Atenção! Eu sou a mosca
>
> A grande mosca
>
> A mosca que perturba o seu sono
>
> Eu sou a mosca no seu quarto a zum-zum-zum-zumbizar
>
> Observando e abusando
>
> Olhe pro seu lado agora!
>
> Eu tô sempre junto de você
>
> "Água mole em pedra dura, tanto bate até que fura"
>
> Quem lhe? Quem lhe?
>
> A mosca meu irmão!

(DOI). Havia outros órgãos ligados à Polícia Civil, como o Departamento Estadual de Investigações Criminais (DEIC) e o Departamento Estadual de Ordem Política e Social (DEOPS), sendo que este era submetido ao Departamento de Ordem Política e Social (DOPS), de nível federal.

As resistências à censura existiram, e era frequente que as gravadoras recorressem dos vetos. Nessa situação, foi enviada uma solicitação (forma de recurso) ao Departamento de Censura e Diversões Públicas da Polícia Federal (DCDP), sendo, então, a canção liberada:

> A COMPANHIA BRASILEIRA DE DISCOS PHONOGRAM, inscrita no SCDP-GB sob o n.º 001, vem, respeitosamente, solicitar se digne V. Exª de mandar examinar e, afinal, liberar para gravação, o texto poético da obra lítero-musical "MOSCA NA SOPA", de Raul Seixas. Fazendo acompanhar a presente gravação da obra mencionada e confiante no deferimento do pleiteado a Requerente aproveita o ensejo para renovar seus protestos de alto apreço e consideração. (Documento da Phonogram, 1973).

Em 1973, quando do lançamento do álbum *Krig-ha, bandolo!* e dos gibis-manifestos, Raul Seixas e Paulo Coelho encabeçaram uma passeata pelas ruas do Centro do Rio de Janeiro. A partir de então, eles foram considerados "subversivos" e acusados de criticar o governo. Os gibis-manifestos distribuídos nos shows foram recolhidos e incinerados, ditos como "materiais subversivos à ordem da política vigente"; os agentes da Polícia Federal (que frequentavam estúdios de gravação, redações de jornais e shows) passaram a fiscalizá-los e persegui-los, culminando com a prisão pela Polícia Federal e o autoexílio (1974).

As mensagens veiculadas pelos gibis-manifestos e pelas canções propunham-se a "abrir os olhos" de todos, denunciando os poderes constituídos, a vigilância, o controle constante, e apregoavam a Sociedade Alternativa[26], na qual todos se libertariam do *Monstro Sist* (do sistema) e lutariam contra toda e qualquer forma de opressão. Defendiam um aprofundamento do *Krig-ha bandolo*[27], cuja intenção era unir as pessoas com o objetivo de destruir crenças e práticas estabelecidas.

---

[26] Para Raul Seixas e Paulo Coelho, a *Sociedade Alternativa* seria regida pela liberdade, sem governo, opressão e guerras, não haveria dinheiro, impostos, polícia, estando ligada a valores libertários e a liberdade da consciência humana. Essas ideias estavam baseadas nas propostas pelo ocultista inglês Aleister Crowley (concepção do Novo Aeon), no pensamento anarquista de Pierre-Joseph Proudhon e nas ações propostas por John Lennon na denominada *New Utopia*. Eles pretendiam instalar a *Sociedade Alternativa*, a cidade denominada Cidade das Estrelas, em uma localidade do interior. Aparecem referências ao estado de Minas Gerais, Rio de Janeiro e Bahia.

[27] Segundo o artista, *Krig-há Bandolo!* significa, na língua do Tarzan, "Cuidado! Aí vem o inimigo!".

Figura 1 – Artigo 2000

Fonte: Gibi-Manifesto Krig-há Bandolo!

Após o lançamento dos álbuns *Krig-há, bandolo!* (1973) e *Gita* (1974), iniciou-se a fase esotérica do artista, centrada em assuntos místicos, inspirados nos movimentos de contracultura, mas mantendo a posição crítica ao governo estaelecido.

Ainda em 1973, Raul tentou lançar a música *Óculos escuros* (SEIXAS; COELHO, 1973), que foi vetada várias vezes pelos censores, sob a alegação de que nela haveria palavras com significados "obscuros":

> Esta luz tá muito forte, tenho medo de cegar
>
> Os meus olhos tão manchados com teus raios de luar
>
> Eu deixei a vela acesa para a bruxa não voltar
>
> Acendi a luz de dia para a noite não chiar

Os censores identificaram a "luz" como uma alusão à luz utilizada nas inspeções noturnas de busca aos considerados "indesejáveis" ao sistema, contudo Raul sempre alegou que usava óculos escuros nos shows porque as luzes do palco incomodavam-no e podiam afetar sua visão. Contudo, no refrão (repetido várias vezes), indiretamente, referia-se à carestia vigente e aos problemas econômicos que assolavam o país durante o governo Médici.

> Quem não tem colírio usa óculos escuros
>
> Quem não tem filé come pão e osso duro
>
> Quem não tem visão bate a cara contra o muro

Por diversas vezes, recorreu-se da deliberação dos censores, que destacavam a utilização de palavras com duplo sentido e "mensagem subversiva [...] induz flagrantemente ao descontentamento e insatisfação no que tange ao regime vigente":

> Gênero: protesto social; Linguagem: direta, como veículo de mensagem subversiva; Tema: sociopolítico; Mensagem: negativa, induz flagrantemente ao descontentamento e insatisfação no que tange ao regime vigente e incita a uma nova ideologia, contrária aos interesses nacionais... A gravação em tape da melodia em epígrafe, apresenta relevante predominância do ritmo sobre a letra musical, dissonância esta elaborada propositalmente, para que a linha melódica desviasse o interesse, atenção e cuidado que a letra exige, uma vez que a mesma é indubitavelmente estruturada em linguagem ora ostensiva, ora figurada, com o propósito de vilependiar e achincalhar a atual conjuntura sóciopolítico nacional. Isto exposto e calcado no Decreto 20493, art. 41, itens d e g, sou pela NÃO LIBERAÇÃO da referida composição, ou seja, de ÓCULOESCURO. (Parecer n.º 10207/73, Processo n.º 562, caixa 645, p. 4).

No ano seguinte (1974), foi feita outra tentativa de recurso, e, novamente, a canção foi vetada:

> Letra musical que apresenta, numa linguagem subjetiva e mensagem subliminar, a inconformidade com o "Status Quo" do Brasil atual, contra suas diretrizes políticas, podendo

incitar atitudes ou reações negativas contra o regime vigente. Sugerimos a não liberação. (Parecer n.º 14685/74 Processo n.º 562, caixa 645, p. 8).

Após alterações na letra, a Phonogram apresentou outro recurso ao DCDP, que decidiu pela "manutenção da não liberação":

Reexaminando, em caráter recursal, a letra musical intitulada "OCU-LOESCURO", de autoria de Raul Seixas, sob a acertiva de modificações, concluímos que: 1. Não houve mudança da temática, que permaneceu a mesma, não obstante a troca de algumas expressões intercaladas na obra; 2. O caráter sutil de insatisfação ao regime vigente, permanece inalterado, configurando, assim, as proibições contidas nas alíneas "d" e "g", do Art. 41, do Regulamento aprovado pelo Decreto 20493/46. Diante do exposto, somos pela manutenção da não liberação. (Parecer n.º 15450/74 processo n.º 562, caixa 645, p. 11).

Figura 2 – Recurso à censura da música *"Óculos escuros"*

Fonte: Arquivo Nacional

Nesse período, a canção *Murungando* (SEIXAS, 1974) também foi vetada:

> Levanta a cabeça mamãe, levanta a cabeça papai
>
> Levanta a cabeça hipão, e tira seus olhos do chão
>
> O chão é lugar de pisar, levanta a cabeça vovó
>
> Levanta a cabeça povão, levanta a cabeça vovô
>
> Pra turma do amor e da paz, levanta a cabeça rapaz
>
> Não tenho outra coisa a dizer...

A letra apregoava que as pessoas não deviam abaixar a cabeça (submeter-se); só assim se poderia manter a esperança. Dizia o parecer:

> Considerando que: a) a letra musical ora submetida à análise censória permite conotação política; b) o autor, através de metáforas, implicitamente, diz que o povo anda cabisbaixo e o induz a levantar a cabeça; c) na realidade, exortando o povo, ele está fazendo da música um meio para atingir o fim; d) de acordo com a alínea d, do art. 41, do Decreto 20493/46, a referida letra não deve ser aprovada. É o meu parecer, salvo melhor juízo. (Parecer n.º 686/74, RJ 12/11/1974).

Essas canções só foram liberadas em dezembro de 1974, os compositores tiveram de alterar a letra, e o título de *Óculos escuros* mudou para *Como vovó já dizia* (SEIXAS; COELHO, 1974), sendo, então, incluídas na trilha sonora da novela *O Rebu*.[28]

Raul Seixas voltou a enfrentar a censura em 1980, com a canção *Rock das aranha*.

> Subi num muro do quintal
>
> E vi uma transa que não é normal
>
> E ninguém vai acreditar
>
> Eu vi duas "mulher" botando aranha pra brigar [...]
>
> Meu corpo todo se tremeu
>
> E nem minha cobra entendeu
>
> "Cumé" que pode duas "aranha" se esfregando?...
>
> Cobra com aranha é que dá pé
>
> Aranha com aranha, sempre deu em jacaré...
>
> Vem cá mulher deixa de manha

---

[28] Raul Seixas e Paulo Coelho foram responsáveis pela produção da trilha sonora da novela *O Rebú*, da Rede Globo de Televisão.

> Minha cobra quer comer sua aranha
> É o rock das "aranha" [...]

O parecer ao recurso ao Conselho Superior de Censura (CSC), de autoria de Ricardo Cravo Albin, apesar das críticas e de reconhecer o "sentido inequívoco, inexorável e renitentemente pornográfico", deliberou pela liberação da canção, mas restringiu sua veiculação.

> O Rock das aranhas pretende, em princípio, descrever uma briga imaginária entre duas aranhas e uma cobra [...] Descrevendo abjetivamente um relacionamento lésbico, em que o órgão feminino é sinônimo grosseiro de aranha e o masculino de cobra. Aqui não são as palavras que chocam [...], mas são as intenções explícitas do significado da peça. Nem me detenho em reanalisar a letra da música quer pela indigência de sua estrutura, quer, sobretudo, pelo seu sentido inequívoco, inexorável e renitentemente pornográfico, mas também não fujo à tentação, como crítico, de declarar meu espanto ante a tão baixa qualidade da peça assinada por Raul Seixas, um compositor que já fez tantas coisas de qualidade... No entanto preservamos igualmente o direito de quem quiser ouvi-lo. Portanto, sou pela liberação da música Rock das aranhas, ficando contudo restrita sua veiculação aberta, ou seja, através e emissoras de rádio e televisão[29]. 31 de julho de 1980. (ALBIN, 2002, p. 154-155).

O artista, em diversas entrevistas, declarou sua indignação com relação à censura da canção *Rock das aranha*. Ele até esperava que a canção *Aluga-se* fosse censurada, já que sua letra apresentava críticas à política econômica vigente e às propostas em relação à dívida externa brasileira – segundo ele, queria "alugar o país".

No álbum seguinte do artista (1983), quatro canções enfrentaram o crivo da censura. *Capim Guiné* (SEIXAS; ARAGÃO, 1983), segundo os censores, fazia menção ao uso de drogas; *Quero mais* (SEIXAS; SEIXAS; AZEREDO, 1983), gravada em dueto com Wanderléa, subentendia referências ao ato sexual; *Babilina* (VICENT, 1983), por sua vez, narrava a história de um amor com uma prostituta:

> Babilina, Babilina, saia do bordel
> Babilina, Babilina, saia do bordel, minha filha

---

[29] O álbum *Abre-te Sésamo* (1980), que continha a canção *Rock das Aranha*, trazia, no canto superior esquerdo de capa, um retângulo amarelo com a palavra CENSURADO. Na contracapa, aparecia a determinação "do Conselho Superior de Censura, decisão 29/80, a música *Rock das aranhas* tem proibida sua execução em emissoras de rádio e tv".

> Quero exclusividade do seu amor
>
> Cútis, cubidu-bilina por favor!!!...
>
> E que só comigo você tem satisfação
>
> Mas é dentro de casa, que eu te quero meu amor
>
> Larga desse emprego, baby, por favor!!! [...]

A canção *Não fosse o Cabral* (PENNIMAN; BOCAGE; COLLINS; SMITH, 1983) apresentava críticas ao governo vigente, denunciava os altos impostos, a miséria, a ignorância e a falta de cultura.

> Tudo aqui me falta, a taxa é muito alta
>
> Dane-se quem não gostar
>
> Miséria é supérfluo, o resto é que tá certo
>
> Assovia que é pra disfarçar
>
> Falta de cultura, ninguém chega à sua altura
>
> Oh Deus! Não fosse o Cabral...
>
> Nós não temos história, é uma vida sem vitórias
>
> Eu duvido que isso vai mudar
>
> Falta de cultura, pra cuspir na estrutura
>
> E que culpa tem Cabral?

Em 1984, ao lançar o álbum *Metrô linha 743*, Raul Seixas enfrentou igualmente as averiguações da censura, dessa vez com a música *Mamãe eu não queria*, na qual criticava o exército e a obrigatoriedade do serviço militar. A contracapa do álbum continha a deliberação da censura: "*Mamãe eu não queria*, radiofusão e execução pública proibidas em virtude de a música ter sido vetada pelo Departamento de Diversões Públicas da S.R. do Departamento da Polícia Federal."

> "Larga dessa cantoria menino
>
> Música não vai levar você a lugar nenhum"
>
> Peraí mamãe, aguenta aí
>
> Mamãe eu não queria, mamãe eu não queria
>
> Mamãe eu não queria, servir ao exército
>
> Não quero bater continência
>
> Nem pra sargento, cabo ou capitão
>
> Nem quero ser sentinela, mamãe
>
> Que nem cachorro vigiando o portão, não! [...]
>
> "Marcha soldado, cabeça de papel

Quem não marchar direito, vai preso pro quartel" [...]

Sei que é uma bela carreira

Mas não tenho a menor vocação

Se fosse tão bom assim, mainha

Não seria imposição, não! [...]

O álbum *A Pedra do Gênesis* continha duas canções anteriormente vetadas pela censura, sob a alegação de fazer apologia às drogas: *Check-up* e *Não quero mais andar na contramão* (AXTON; HOYT; JACKSON, versão de SEIXAS; COUTINHO). Em diversas entrevistas, Raul declarou que, nessa letra, relatava sua própria experiência, revelando que, naquele momento, tinha abandonado o uso de drogas:

Hoje uma amiga da Colômbia voltou

Riu de mim porque eu não entendi

No que ela sacou aquele **fumo** oh

Dizendo que tão bom eu nunca vi

Eu disse não

Eu já parei de fumar...

Da Bolívia uma outra amiga chegou

Riu de mim porque não entendi

Quis me empurrar um saco daquele **pó**

Dizendo que tão puro eu nunca vi

Eu disse não

Eu já parei de...

Cansei de acordar pelo chão

Muito obrigado, eu já estou calejado

Não quero mais andar na contramão...

"Aprendi que sou mais forte que você": perseguição, prisão e exílio

Os anos de 1973 e 1974 marcaram o auge da carreira de Raul e de seus problemas com a Censura e a Polícia Federal. Em várias entrevistas, ele declarou que foi um momento "pesado", manifestando sua indignação em relação aos abusos do sistema e às perseguições da polícia e da censura.

Em 1974, Raul realizou um show em Brasília, inflamando a plateia, particularmente na apoteose do espetáculo, com as canções *Metamorfose Ambulante* (com versos trocados) e *Sociedade Alternativa* – que continha as

HISTÓRIA E CIDADES

bases do pensamento de um homem livre, sem leis e sem governantes. A canção *Metamorfose Ambulante* foi executada (cantada e declamada) com frases trocadas, inspiradas em sua indignação ante o sistema governamental controlado pelos militares, sendo acompanhado e ovacionado pela plateia:

> [...] Do que ter aquela velha opinião formada sobre tudo
> A verdade absoluta
> Do que ter aquela velha opinião formada sobre tudo
> Hoje criaram leis absolutas
> Que pretendem cumprir a todo mundo
> Sem saber que todo mundo é diferente um do outro
> Inventaram um sapato número 37
> O sapato número 37
> 37, sem saber que cada pé é diferente um do outro
> E que todo mundo tem que calçar o sapato 37
> E você calça o sapato, o sapato cria calo
> O calo se transforma em ferida
> A ferida se transforma em ódio
> O ódio se transforma em agressão
> A agressão explode, bate no teto
> Volta pro chão, do chão não passa
> E começa tudo de novo
> E você precisa saber que não deve ter
> Nenhuma opinião formada sobre tudo
> Enquanto você deve deixar as janelas abertas
> Para o vento entrar
> Porque existem várias saídas
> E você só conhece uma
> Eu prefiro ser essa metamorfose ambulante
> Do que ter essa velha opinião formada sobre tudo
> Eu prefiro ser essa metamorfose ambulante, que sou
> Do que ter essa velha opinião formada sobre tudo

Durante a execução da canção, Raul fez referência à dor causada por um sapato que apertava o pé do povo, que, na verdade, referendava a opressão existente. Para que se pudesse controlar essa dor, o artista propunha "saídas" e afirmava que existiam diversas "janelas".

A apoteose do show ocorreu com a entoação de *Sociedade Alternativa*, com uma interpretação vibrante, apaixonada e com alterações na letra. Sob o delírio da plateia, era apregoada a liberdade vivenciada numa nova sociedade.

> Viva! Viva!
>
> Viva a Sociedade Alternativa!
>
> Viva! Viva!
>
> Viva a Sociedade Alternativa!
>
> Viva o Novo Aeon!
>
> Viva! Viva!
>
> Viva a Sociedade Alternativa!
>
> Viva! Viva! Viva!
>
> Viva! Viva!
>
> Viva a Sociedade Alternativa!
>
> Se eu quero e você quer
>
> Tomar banho de chapéu
>
> Ou esperar Papai Noel
>
> Ou discutir Carlos Gardel
>
> Então vá!
>
> Faze o que tu queres
>
> Pois é tudo da lei, da lei
>
> Viva! Viva!
>
> Viva a Sociedade Alternativa!
>
> Faze o que tu queres há de ser tudo da lei
>
> Viva! Viva!
>
> Viva a Sociedade Alternativa!
>
> Viva! Viva!
>
> Viva! Viva!
>
> Viva a Sociedade Alternativa!
>
> O número 666 chama-se Aleister Crowley
>
> Viva! Viva!
>
> Viva a Sociedade Alternativa!
>
> Faze o que tu queres há de ser tudo da lei
>
> Viva! Viva!
>
> Viva a Sociedade Alternativa!
>
> Viva! Viva!

HISTÓRIA E CIDADES

> Viva a Sociedade Alternativa!
>
> A Lei de Thelema
>
> Viva! Viva!
>
> Viva a Sociedade Alternativa!
>
> A lei do forte
>
> Essa é a nossa lei e a alegria do mundo
>
> Viva! Viva! Viva!
>
> Viva o Novo Aeon

A artista intermediou a canção com um discurso inspirado em trechos do *Livro da Lei*, de Aleister Crowley[30]:

> O homem tem direito de mover-se
>
> Pela face do planeta livremente sem passaporte
>
> Porque o planeta é dele, o planeta é nosso
>
> O homem tem direito de pensar o que ele quiser
>
> De escrever o que ele quiser
>
> De desenhar, de pintar, de cantar
>
> De compor o que ele quiser
>
> Todo homem tem direito
>
> De vestir-se da maneira que ele quiser
>
> O homem tem direito de amar como ele quiser
>
> Tomai vossa sede de amor como quiseres
>
> E com quem quiseres
>
> Há de ser tudo da Lei
>
> E o homem tem direito de matar todos aqueles
>
> Que contrariarem esses direitos
>
> Amar é a Lei, mas amor sob vontade
>
> Os escravos servirão
>
> Viva a Sociedade Alternativa!

Raul Seixas relataria anos depois:

> *O show para os generais? Eu fui detido em Brasília, alguns dias né? Porque eu fui fazer um show de pijamas e com uma pasta... uma escova e pasta de dentes, coçando os olhos e perguntando onde é que eu estava: "Será possível que eu tô... onde é que tô?" Eu de*

---

[30] Aleister Crowley (1875-1947), ocultista inglês, que se autoproclamava o anticristo e que, em 1904, escreveu o livro *The Book of the Law*, "Livro da Lei", inspirando a dupla de compositores na música Sociedade Alternativa.

pijama de dadinhos, de dado e aí os militares não gostaram. Eu fique detido em Brasília, uns quatro dias no hotel. Época braba né? (Entrevista com Raul Seixas, 1988)[31].

Depois de realizar diversos shows nos quais foram distribuídos os gibis-manifestos[32], Raul foi procurado pela Polícia Federal, acusado de disseminar material considerado subversivo e de incitar a rebelião contra o sistema de governo vigente. Em 20 de março de 1974, Raul Seixas se apresentou ao DOPS/GB para prestar depoimento.

Assunto: Raul Seixas

Origem: CIE-Rio

Difusão: DOPS/GB – I Exército

Anexo: Cópia xerox do panfleto "A Fundação de Krig-há", do artigo publicado no Diário de Brasília, sobre o nominado e de três fichas de controle.

Info: 041-S/103-R de 20/03/74, do CIE-Rio.

Pedido de Busca: n.º 191/74-E

1 – <u>Dados Conhecidos</u>:

1.1 – O nominado é autor da música de protesto intitulada "Ouro de Tolo" que, segundo suas declarações, foi feita com a intenção de criticar, não a pessoa de Roberto Carlos e sim todo o esquema a que ele representa.

1.2 – O epigrafado, juntamente com o foragido Paulo Coelho Pinheiro, militante do PDBR e Adalgisa Eliana Rios Magalhães, do PC do B, citada nas declarações de Douglas Alberto Milne-Jones (Geraldo) no DOI do II Exército, escreveu um panfleto intitulado "A Fundação de Krig-há", em anexo, que foi distribuído clandestinamente, contendo propaganda subversiva com mensagens justapostas a subliminares.

1.3 – Considerando que tanto Paulo Coelho como Adalgisa Rios, são elementos subversivos e se encontram foragidos, é possível, por intermédio do compositor localizá-los e prendê-los.

1.4 – Dados de qualificação do compositor – Raul Santos Seixas – RG 2662228, filho de Raul Varella Seixas e Maria Eugênia Santos Seixas, brasileiro, natural da Bahia, casado,

---

[31] Entrevista com Raul Seixas. Rádio Antena 1 FM/São Paulo, outubro de 1988. In: Raul Seixas no Ar. Volume 06, produzido por Sylvio Passos.

[32] Entre outras ocasiões, os gibis-manifestos foram distribuídos "em setembro de 1973, nos teatros Das Nações, em São Paulo e Tereza Raquel, no Rio de Janeiro-GB" (Parecer de Jayr Gonçalves da Motta, Matr. 66425 In: Pasta: 003, Setor: Certidões, p. 380).

músico, residente à rua Almirante Pereira Guimarães, 72/202 – Leblon/GB.

2 – Dados Solicitados:

Por intermédio do referido cantor, tentar localizar e prender Paulo Coelho e Adalgisa Rios. (Parecer do Pedido de Busca (PB) n.º 191/74-E, Pasta: 003, p. 38).

Paulo Coelho era procurado como "foragido" (Pedido de Busca 191/74, Pasta 03, p. 381), e, nessa ocasião, Raul foi inquerido sobre o possível paradeiro de seu parceiro.

Em maio de 1974, foi expedido "Pedido de Busca a Raul Seixas e Paulo Coelho", e esses se apresentaram conforme indica o documento:

INFORMAÇÃO S/N J.G.M./74 S.B.O.

Do: Responsável pela Turma de Capturas do S.B.O.

Ao: Sr. Chefe da Seção de Buscas Ostensivas

Assunto: Raul Seixas – Compositor (P.B. – SP/SAS n.º 0967)

Ref.: P.B. (Pedido de Busca) 191-74, do E-I EX-DI/2657/74 D.O. n.º 1472 de 02/05/1974.

Senhor Chefe:

Cumprindo o solicitado no P.B.-SP/SAS n.º 0967, referente ao PB 191/74 E-I EX-DI (Departamento de Informações) 2657/74, esta turma diligenciou e apurou o seguinte:

a) Raul Santos Seixas há cerca de dois anos não reside à Rua Almirante Pereira Guimarães, 72 Apto 202, no Leblon, conforme consta no P.B., e sim à Av. Epitácio Pessoa, 54 Apto 307, Lagoa.

b) Convidado que foi aqui comparecer o fez no dia de hoje acompanhado do compositor Paulo Coelho de Souza (Paulo Coelho), companheiro de Adalgisa Eliana Rios de Magalhães, com o qual vive maritalmente.

c) Visto o item n.º 2 do P.B. determinar localização e prisão de Paulo Coelho e Adalgisa Rios, procedi a detenção de Paulo Coelho como também de Adalgisa Rios.

d) Imediatamente foi feita a apreensão de aproximadamente de 33 pacotes contendo cada um 200 folhetos denominados (gibi) com o título "A Fundação de Krig-há", nas residências: Av. Epitácio Pessoa, 54 Apto 307 (19 pacotes) onde reside Raul Seixas e na Av Padre Leonel Franca, 110 Apto 102, fundos (4 pacotes), onde reside Paulo Araripe (tio de Paulo Coelho).

e) Esclareço a V.Sa., que, a distribuição do material apreendido, foi feita em setembro de 1973, nos teatros Das Nações, em São Paulo e Tereza Raquel, no Rio de Janeiro-GB.

f) Assim se qualificam os detidos: Adalgisa Rios e <u>Paulo Coelho de Souza</u>, brasileiro, branco, solteiro, natural do Estado da Guanabara, nascido em 27/08/1947, filho de Pedro Queima Coelho de Souza e de dona Lygia Araripe Coelho de Souza, tendo a profissão de compositor e portador da Cédula de Identidade emitida pelo Instituto Félix Pacheco n.º 2.095.515 e residindo atualmente à Rua Voluntários da Pátria, 54 Apto 402. (Parecer de Jayr Gonçalves da Motta, Matr. 66425 In: Pasta: 003, Setor: Certidões, p. 380).

Observa-se a qualificação e detenção de Paulo Coelho e Adalgiza Rios, bem com o relato da apreensão dos pacotes dos gibis-manifestos pelos agentes policiais (invasão) nas casas de Paulo Coelho e Raul Seixas. A mãe do cantor rememorou o ocorrido da invasão da casa e da prisão de Raul:

Eram homens muito fortes... do DOPS... Desarrumaram tudo... a casa inteira, até a menininha, eles tiraram até a fralda da menina, tiraram a roupa toda pra ver se tinha alguma coisa escondida, uma coisa horrível, absurda! eu nunca tinha visto aquilo, fiquei horrorizada, chocada e levaram Raul, Raul disse: "vocês me disseram que não era pra me levar que era pra levar as coisas que tinham aqui, como que vão me levar?"... depois de uma noite de terror, Raul foi liberado, mas depois de apanhar muito... "aconselharam" como eles dizem a sair do país. (Depoimento da mãe de Raul no "Especial Raul Seixas", 1989)[33].

O artista foi torturado pelos agentes da Polícia Política, conforme anos mais tarde relataria:

Até hoje não sei realmente qual foi o motivo. Mas veio uma ordem de prisão do Primeiro Exército e me detiveram... Me levaram para um lugar que eu não sei onde era... eu estava nu com uma carapuça preta que eles me colocaram. E veio de lá mil barbaridades: choques em lugares delicados... tudo para eu poder dizer os nomes das pessoas que faziam parte da "Sociedade Alternativa" que, segundo eles, era um movimento revolucionário contra o governo. (PASSOS, 1992, p. 143).

---

[33] "Especial Raul Seixas" Rádio Transamérica FM/ Salvador, 28/06/1989. Entrevista com Maria Eugênia Seixas. In: Raul Seixas no Ar. Volume 12, produzido por Sylvio Passos.

Raul, segundo afirmou em diversas declarações à imprensa, teria sido "expulso" do país, porém não se sabe ao certo se foi um exílio ou um autoexílio acordado com seu parceiro Paulo Coelho.

Depois de serem presos, Raul Seixas e Paulo Coelho foram encaminhados ao Rio de Janeiro e levados ao aeroporto, sendo "convidados" ou, como disseram em diversas entrevistas, "aconselhados" a embarcar para os Estados Unidos com suas respectivas esposas, Edith Nadine e Adalgisa Rios, conforme indicava o Pedido de Vista de Saída do cantor:

> DOPS – Divisão de Informações
>
> Data: 08/08/1974
>
> SD/DAF: 43408
>
> Ref.: PEDIDO DE VISTA DE SAÍDA
>
> Sr. Diretor da D.I.
>
> Raul Santos Seixas – Filho de Raul Varella Seixas e de Maria Eugênia Santos Seixas, identidade n.º 2.662.228/IFP, seguindo informações de n.º 1475/74-H, do Ministério do Exército, datado de 25/06/1964[34], figura citada nas declarações de Magalhães, prestada em 29/05/1974, no DOI/I Exército. Anexo ao presente, cópia de PB n.º 191/74-E do Ministério do Exército em 08/08/1974, solicito Visto de Saída para fins de se ausentar do país.
>
> Heitor Corrêa Maurano
>
> Comissário de Polícia – Matr. 141392
>
> Diretor Substituto da D.I. do DOPS

Outro documento indicava que a dupla havia "pedido" para sair do país com destino aos Estados Unidos. O passaporte de Raul Seixas foi liberado sob o registro A 207250:

> Urgente
>
> 1.) Ao SP/SNF, para difusão do I Exército, tendo em vista o solicitado em P.B. 191/74-E, de 22/04/1974, informamos que o incriminado pediu visto para viagem nos U.S.A.
>
> 2.) Ao SP/SNF, para após a comunicação ao I Exército, liberar o visto.
>
> 08/08/1974, Heitor (Pasta: 003, Setor: Certidões, p. 384).

---

[34] Certamente, houve um engano por parte do escrivão: deve-se ler 1974, e não 1964.

Figura 3 – Página 1 do Passaporte A 207250

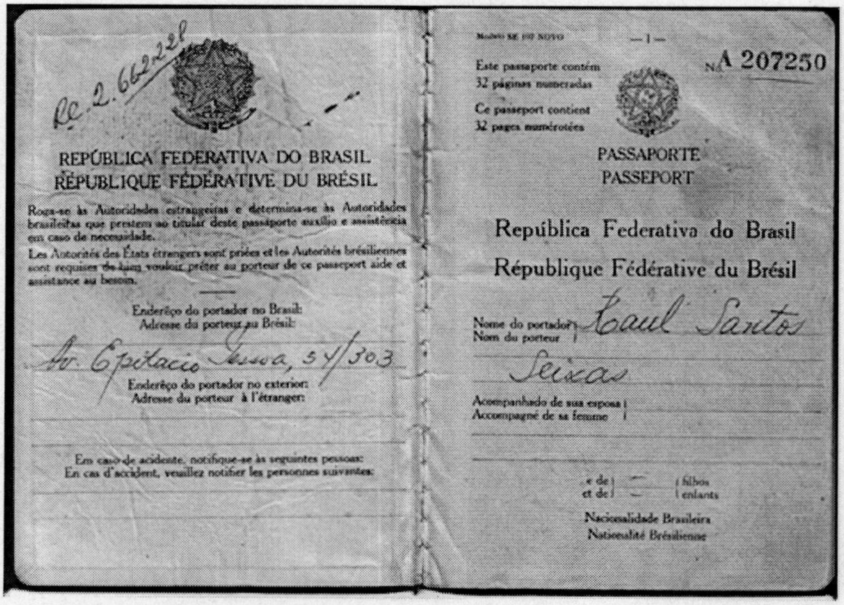

Fonte: Raul Rock Club – Fã-Clube Oficial Raul Seixas

Os compositores sofreram perseguição, tortura e prisão, o exílio foi uma indicação, seguida de uma ação de autoexílio em direção aos Estados Unidos. Raul voltou ao Brasil no dia 28 de julho e, em depoimento à Polícia Federal, justificou sua presença no país:

> Raul Seixas, R.C. 2.662.228/IFP
>
> Passaporte n.º A 207250/74-GB
>
> Observações:
>
> Estou aqui no Rio, de passagem, para assinar alguns contratos com a Televisão Globo para fins de filmagens de vídeo-tapes em New York (EUA), aonde estou residindo temporariamente até o término do meu LP que será lançado no mercado americano em meados de setembro. Motivo da observação: **explicar a minha volta aos Estados Unidos afim de firmar para a TV Globo dentro do prazo do meu contrato com a mesma e terminar o meu disco para a gravadora americana.**
>
> 13 de Agôsto de 1974
>
> Raul Seixas. (Carta escrita e assinada por Raul Seixas. Pasta: 003, Setor: Certidões, p. 382).

Todavia, o álbum a que Raul se referiu no depoimento à Polícia Federal nunca foi lançado oficialmente.

Durante sua carreira artística, Raul Seixas, por ser contestador, teve problemas com gravadoras, empresários, shows, apresentadores e jornalistas. No final da vida, enfrentou dificuldades financeiras e de saúde. Entretanto, nenhum óbice foi mais marcante na obra do cantor que o governo, a polícia e a censura.

Considerações Finais

> [...] 1974 foi uma experiência traumática na minha vida. Tentamos fundar na Bahia a Cidade das Estrelas, de uma maneira totalmente alternativa... O embasamento de tudo era aquilo que eu já te falei: a concepção do Novo Aeon, com toda aquela transação do pensador Aleister Crowley, que viveu no começo do século. Eu entrei fundo naquilo tudo, sabe. Mas um certo dia eu estava em casa... então entraram os agentes... foi barra. Os agentes revistaram a casa toda, deixaram tudo de pernas para o ar... Depois disso, bicho, foi fogo. Prisão, exílio, aquilo tudo. (PASSOS, 2007, p. 123- 124).

Nesse depoimento, Raul Seixas destacou seu empenho em instalar a utópica *Sociedade Alternativa*, inspirada nas propostas do pensador Aleister Crowley; também observou como essa ação, junto a questões polêmicas presentes nas composições, nos gibis-manifestos e nas irreverentes apresentações, trouxeram consequências dolorosas, culminando na prisão, na tortura e no autoexílio, em 1974.

Raul Seixas foi um artista contestador. Sua obra, além de referência no rock brasileiro, foi de importância artística, musical e política, evidenciada pelas suas críticas ao sistema vigente que levaram aos enfrentamentos com a censura. Suas canções abordaram temas como religião, filosofia, política e trabalho, estando marcadas por sentimentos, afetos e emoções, com destaque para o amor e a busca da felicidade e da liberdade.

Passadas mais de três décadas de sua morte, Raul, que foi apontado como um cantor "maldito", se tornou um dos ícones da música popular brasileira. Suas canções são consideradas atemporais e atravessam gerações, continuando a inspirar o imaginário dos ouvintes na busca por ideais alternativos e de liberdade.

Referências

Canções:

SEIXAS, Raul; WISNER, Edith Nadine (Compositores). "Let me sing, let me sing." *In:* Let me sing my rock'n'roll (Compacto Simples). Raul Seixas. São Paulo, 1972.

SEIXAS, Raul; COELHO, Paulo (Compositores). "A hora do trem passar." *In:* Ouro de tolo (Compacto Simples). Raul Seixas. Rio de Janeiro: Philips (6069076), 1973.

SEIXAS, Raul (Compositor). "Ouro de tolo." *In:* Ouro de tolo (Compacto Simples). Raul Seixas. Rio de Janeiro: Philips (6069076), 1973.

SEIXAS, Raul (Compositor). "Metamorfose Ambulante." *In:* Ouro de tolo (Compacto Simples). Raul Seixas. Rio de Janeiro: Philips (6069076), 1973 e *In:* Krig-há, Bandolo! (LP). Raul Seixas. Rio de Janeiro: Philips (6349078), 1973.

SEIXAS, Raul; COELHO, Paulo (Compositores). "Cachorro Urubu." *In:* Krig-há, bandolo! (LP). Raul Seixas. Rio de Janeiro: Philips (6349078), 1973.

SEIXAS, Raul (Compositor). "Murungando." *In:* O Rebu (LP). Vários Artistas. Rio de Janeiro: Som Livre, 1974.

SEIXAS, Raul; COELHO, Paulo (Compositores). "Como vovó já dizia." *In:* O Rebu (LP). Vários Artistas. Rio de Janeiro: Som Livre, 1974.

SEIXAS, Raul; COELHO, Paulo (Compositores). "Sociedade Alternativa." *In:* Gita (LP). Raul Seixas. Rio de Janeiro: Philips (6349113), 1974.

SEIXAS, Raul; COELHO, Paulo (Compositores). "Bruxa Amarela." *In:* Entrada e Bandeiras (LP). Rita Lee. Rio de Janeiro: Som Livre, 1976.

SEIXAS, Raul e COELHO, Paulo (Compositores). "Há 10 mil anos atrás." *In:* Há 10 mil atrás (LP). Raul Seixas. Rio de Janeiro: Philips (81034817), 1976.

SEIXAS, Raul; AZEREDO, Claudio Roberto (Compositores). "Maluco Beleza." *In:* O dia em que a Terra parou (LP). Raul Seixas. Rio de Janeiro: WEA Warner Bros (6704094-B), 1977.

SEIXAS, Raul; AZEREDO, Claudio Roberto (Compositores). "Rock das aranha." *In:* Abre-te Sésamo (LP). Raul Seixas. Rio de Janeiro: CBS (138194-B), 1980.

SEIXAS, Raul; AZEREDO, Claudio Roberto (Compositores). "Aluga-se." *In:* Abre-te Sésamo (LP). Raul Seixas. Rio de Janeiro: CBS (138194-B), 1980.

SEIXAS, Raul (Compositor). "Carimbador Maluco." *In:* Raul Seixas (LP). Raul Seixas. São Paulo: Estúdio Eldorado (74830410), 1983.

SEIXAS, Raul (Compositor). "Mamãe eu não queria." *In:* Metrô linha 743 (LP). Raul Seixas. Rio de Janeiro: Som Livre (4070139-B), 1984.

SEIXAS, Raul; AZEREDO, Claudio Roberto (Compositores). "Cowboy fora-da-lei." *In:* Uah-Bap-Lu-Bap-Lah-Béin-Bum! (LP). Raul Seixas. São Paulo: Copacabana (612950-B), 1987.

SEIXAS, Raul; COUTINHO, Lena; AZEREDO, Cláudio Roberto (Compositores). "Quando acabar o maluco sou eu." *In:* Uah-Bap-Lu-Bap-Lah-Béin-Bum! (LP). Raul Seixas. São Paulo: Copacabana (612950-B), 1987.

SEIXAS, Raul (Compositor). "A lei." *In:* A pedra do Gênesis (LP). Raul Seixas. São Paulo: Copacabana (12967-A), 1988.

SEIXAS, Raul; ARAGÃO, Wilson (Compositores). "Capim Guiné." *In:* Raul Seixas (LP). Raul Seixas. São Paulo: Estúdio Eldorado (74830410), 1983.

SEIXAS, Raul; SEIXAS, Kika; AZEREDO, Cláudio Roberto. "Quero mais." *In:* Raul Seixas (LP). Raul Seixas. São Paulo: Estúdio Eldorado (74830410), 1983.

SEIXAS, Raul (Compositor). "Check-up." *In:* A pedra do Gênesis (LP). Raul Seixas. São Paulo: Copacabana (12967-A), 1988.

AXTON; HOYT; JACKSON (Compositores) versão de Raul Seixas e Lena Coutinho. "Não quero mais andar na contramão." *In:* A Pedra do Gênesis. Raul Seixas. São Paulo: Copacabana (12967-A), 1988.

PENNIMAN; BOCAGE; COLLINS; SMITH (Compositores). "Não fosse o Cabral." *In:* Raul Seixas (LP). Raul Seixas. São Paulo: Estúdio Eldorado (74830410), 1983.

VICENT, Gene (Compositor). "Babilina." *In:* Raul Seixas (LP). Raul Seixas. São Paulo: Estúdio Eldorado (74830410), 1983.

Referências documentais e Bibliografia:

"Especial Raul Seixas" Rádio Transamérica FM/ Salvador, 28/06/1989. Entrevista com Maria Eugênia Seixas. *In:* Raul Seixas no Ar. Volume 12, produzido por Sylvio Passos.

Carta de J. C. Muller Chaves (Consultor Jurídico) da Cia. Brasileira de Discos Phonogram. Rio de Janeiro, 06/04/1973.

Carta de J. C. Muller Chaves (Consultor Jurídico) da Cia. Brasileira de Discos Phonogram. Rio de Janeiro, 20/05/1974.

Carta escrita e assinada pelo próprio punho de Raul Seixas. Pasta: 003, Setor: Certidões, Página: 382. Arquivo Público do Estado do Rio de Janeiro.

Conforme P.B. (Pedido de Busca) 191/74, de 02 de maio de 1974, Arquivo Público do Estado do Rio de Janeiro, Pasta 03, Setor: Certidões, p. 381.

Depoimento de Sylvio Passos, concedido ao autor em 04 de janeiro de 2007, na cidade de São Paulo.

Entrevista cedida ao repórter Walterson Sardemberg, da Revista Amiga, em 1982. *In:* PASSOS, Sylvio Ferreira. Raul Seixas por ele mesmo. São Paulo: Martin Claret, 2003. p. 131-132.

Entrevista com Raul Seixas. Rádio Antena 1 FM/São Paulo, outubro de 1988. *In:* Raul Seixas no Ar. Volume 06, produzido por Sylvio Passos.

Parecer de Jayr Gonçalves da Motta, Responsável pela Turma de Capturas/DOPS, Matr. 66425 *In:* Pasta: 003, Setor: Certidões, p. 380. Arquivo Público do Estado do Rio de Janeiro.

Parecer do Pedido de Busca (PB) n.º 191/74-E, de 23/04/1974, assinado por Alladyr Ramos Braga, Delegado de Polícia – Matrícula 700.626 e Diretor Geral Substituto do DOPS/GB. *In:* Pasta: 003, Setor: Certidões, Página: 384. Arquivo Público do Estado do Rio de Janeiro.

Parecer n.º 10207/73 da Divisão de Censura e Diversões Públicas – Departamento da Polícia Federal. Brasília: 12/11/1973, vide em Processo n.º 562, caixa 645, p. 4.

Parecer n.º 14685/74 da Divisão de Censura e Diversões Públicas – Departamento da Polícia Federal. Brasília: 24/04/1974, vide em Processo n.º 562, caixa 645, p. 8.

Parecer n.º 15450/74 da Divisão de Censura e Diversões Públicas – Departamento da Polícia Federal. Brasília: 22/05/1974, vide em processo n.º 562, caixa 645, p. 11.

Parecer n.º 686/74 do Departamento de Polícia Federal – Serviço de Censura de Diversões públicas do Estado da Guanabara. Rio de Janeiro: 12/11/1974.

Passaporte de Raul Seixas, gentilmente cedido por Sylvio Passos ao autor, em julho de 2007.

Pasta: 003, Setor: Certidões, Página: 384. Arquivo Público do Estado do Rio de Janeiro.

Bibliografia:

ABONIZIO, J. **O Protesto dos Inconscientes**: Raul Seixas e a Micropolítica. 1999. Dissertação (Mestrado em História Social) – Universidade Estadual Paulista, Assis, 1999.

ALBIN, R. C. **Driblando a Censura**. De como o cutelo vil incidiu na cultura. Rio de Janeiro: Gryphus, 2002.

ALVES, L. **Raul Seixas e o sonho da Sociedade Alternativa**. São Paulo: Martin Claret, 1997.

BOSCATO, L. A. de L. **Vivendo a Sociedade Alternativa**: Raul Seixas e o seu tempo. São Paulo: Terceira Imagem, 2007.

COSTA, C. T. **Cale-se!** A saga de Vanucchi Leme, a USP como aldeia gaulesa e o show proibido de Gilberto Gil. São Paulo: A Girafa, 2003.

GAMA, T. Raul Seixas. **Entrevistas e depoimentos**. Coleção Mitos do Pop. São Paulo: Editora Pen, 1993.

KUCINSKI, B. A primeira vítima: a autocensura durante o regime militar. *In:* CARNEIRO, M. L. T. (org.). **Minorias Silenciadas**. História da Censura no Brasil. São Paulo: Edusp, 2004. p. 533-551.

KUSHINIR, B. **Cães de Guarda**. Jornalistas e censores, do AI-5 à Constituição de 1988. São Paulo: Boitempo, 2004.

MOBY, A. **Sinal Fechado**: a música popular brasileira sob censura. Rio de Janeiro: Obra Aberta, 1994.

MOTTA, N. **Noites Tropicais**. Rio de Janeiro: Objetiva, 2001.

NAPOLITANO, M. **Cultura brasileira utopia e massificação (1950-1980)**. Coleção Repensando a História. São Paulo: Contexto, 2001.

PASSOS, S. F.; BUDA, T. **Raul Seixas**: uma antologia. São Paulo: Martin Claret, 1992.

PASSOS, S. F. **Raul Seixas por ele mesmo**. São Paulo: Martin Claret, 2003.

RIDENTI, M. Ensaio geral de socialização da cultura: o epílogo tropicalista. *In:* CARNEIRO, M. L. T. (org.). **Minorias Silenciadas**. História da Censura no Brasil. São Paulo: Edusp, 2004. p. 378-386.

SEIXAS, K. **Raul Rock Seixas**. 2. ed. São Paulo: Globo, 1996.

SEIXAS, R. **O baú do Raul revirado**. Rio de Janeiro: Ediouro, 2005.

SKIDMORE, T. E. **Brasil de Castelo a Tancredo**. 7. ed. São Paulo: Paz e Terra, 2000.

Capítulo 6

MEMÓRIAS EM CORPOS NEGROS: PERFORMANCES EM EPISTEME SOB "LÓGICA ORAL"

Maria Antonieta Antonacci
Nirlene Nepomuceno

Pesquisando oralidades entre África e Brasil, em folhetos de literatura oral no Nordeste brasileiro – *Rabicho da Geralda* (1792) e xilogravura do folheto *ABC de Lucas de Feira* (século XIX) –, emergem redes de comunicações entre africanos em diáspora. Os folhetos de cordel não verbalizam uma escrita letrada; registram tradições orais que vinham de cantadores, benditos, canções de festas religiosas e profanas, como de rumores sociais.

Sem perspectiva de tempo sequencial, emanações de tradições orais advêm do corpo, que fala e emite sons vocais que o ultrapassam em sua dimensão acústica. Voz, linguagens, gestuais e dinâmicas perfazem jogos corpóreos em *performances*. A *performance* advém de ações complexas, transmitindo a mensagem poética em enunciações corpóreas. "*Performances* implica *competência*. Além de um saber-fazer e de saber-dizer, as performances manifesta um saber ser no tempo e no espaço" (ZUMTHOR, 1997, p. 157).

Zumthor merece destaque frente à antiga tendência de sacralizar a letra, esquecendo corpo, vozes e gestos. Em suas reflexões, evoca o gestual, que "produz figurativamente as mensagens do corpo", distinguindo "os gestos na amplitude do espaço onde se desenvolvem: – gestos do rosto (olhar e mímica); – gestos dos membros superiores, da cabeça, do busto; – gestos do corpo inteiro. Juntos, carregam sentido à maneira de uma escrita hieroglífica" (ZUMTHOR, 1997, p. 11, 206). O nigeriano Esiaba Irobi, igualmente, em crítica à "história pós-positivista Ocidental", glosa a valorização "do impresso e da instrução criptográfica" e a cegueira dos estudiosos ocidentais ante outras formas de comunicação, o que, em sua percepção, afeta drasticamente a forma como compreendemos e valorizamos "o poder do corpo" (IROBI, 2012, p. 277).

Poéticas orais de matrizes africanas resguardam lugares de memória e de produção de conhecimentos em inscrições corpóreas, evidenciando usos da palavra alheios ao estatuto da escrita letrada, de perspectiva ocidental. A ênfase na escrita alfabética redundou na dicotomia entre o oral e o escrito, nublando estratégias de poderes de povos culturalmente pujantes em suas *performances*, expressando criação, memorização, expansão de saberes alheios ao predomínio da escrita, como evidencia a "linguagem dos sinos" brasileiros, em particular os de Minas Gerais, tornados, juntamente com o ofício de sineiro, bens culturais registrados (IPHAN, 2016).

Na região das gerais, escravizados bantu, recuperando tradição sineira da África centro-ocidental, burlaram as instâncias oficiais de comunicação e criaram redes paralelas de informação, aplicando, aos toques dos sinos, suas culturas musicais e comunicacionais por meio de determinado padrão rítmico. Toques, repiques, improvisações serviram não só para transmitir mensagens religiosas e dos poderes públicos, mas informações de interesses daqueles que manejavam os sinos: escravizados e, posteriormente, negros livres. Ao ressignificarem a tradição aqui introduzida pelos portugueses, escravizados africanos não só transformaram a "linguagem" dos sinos, como fizeram das torres das igrejas espaços de resistência, utilizadas tanto para abrigar escravizados em fuga quanto para acolher ritos de iniciação de maltas capoeiras (VIEIRA, 2018; GALANTE, 2003).

Em tradução corpórea, os sons, os efeitos de linguagens, como meios de comunicação, compõem formas poéticas que resultam em outras percepções culturais, articuladas a *performances* apreendidas como episteme. Atenta a memórias e saberes de nativos de Mesoamérica e Andes, Diana Taylor argumentou que, se "apreendemos e transmitimos conhecimentos via ações encarnadas, agenciando culturas e opções, *performances* funcionam como epistemologia, forma de saber e não mero objeto de análise" (TAYLOR, 2015, p. 24).

Produzindo estudos do corpo como textos, "transmitindo informação, memória, identidade, emoção e muito mais," sua força em "cognições corpóreas" (TAYLOR, 2015, p. 17), efêmeras e sem guarida em *arquivo*, abrem a configurações em *repertório*.

> Os diferentes sistemas de transmissão possibilitam maneiras diferentes de conhecer e ser no mundo; o repertório respalda o "conhecimento corporalizado", o pensar comunitário e o saber localizado, enquanto a cultura do arquivo favorece

o pensamento racional, linear, chamado de pensamento objetivo, universal, o individualismo (TAYLOR, 2015, p. 18, grifo da autora).

Sua ênfase ao repertório advém da perspectiva que *"performances* operam como 'atos vitais de transferência', transmitindo saber social, memória, sentido de identidade em ações reiteradas" (TAYLOR, 2015, p. 30). Ainda alerta: "Creio ser imperativo manter-nos reexaminando relações entre performances encarnadas e produção de conhecimento, onde a escrita tem se constituído como garantia absoluta da própria existência" (TAYLOR, 2015, p. 30).

Sem pesquisar e produzir reflexões além de fontes escritas, acervos e arquivos, pilares de profissionais de ciências sociais, pouco se apreende a memória viva, narrativas e sabedoria de povos socializados em culturas orais. Ao sentir culturas nas quais a audição sonora prepondera à visão, a noção de tempo à de espaço, emoções e sensibilidades emergem em ritmos e canções populares, com instrumentos musicais e experiências comunitárias, fazendo lembrar formulações de Raymond Williams.

> [...] parece claro que o ritmo é uma maneira de transmitir descrição de experiência de tal modo que a experiência é recriada na pessoa que a recebe não simplesmente como uma *abstração* ou emoção, mas como efeito físico no organismo – no sangue, na respiração, nos padrões físicos do cérebro –, um meio de transmitir nossa experiência de modo tão poderoso que a experiência pode ser literalmente vivida por outros (WILLIAMS, 1961, p. 41).

Sem abstrações, com efeitos físicos no organismo, desdobrados em seus órgãos, impactando circulação sanguínea, respiração, ondas cerebrais, o poder rítmico alcança formas de transmissão em experiências revividas. Estamos diante um pensar em ação, produzir e transmitir em atitude rítmica. Para Muniz Sodré, estudioso de culturas africanas no Brasil, "Enquanto maneira de pensar o mundo, o ritmo musical implica uma inteligibilidade do mundo, capaz de levar a sentir, constituindo o tempo como constitui a consciência" (SODRÉ, 1998, p. 19).

Conectando questões rítmicas a viveres comunitários africanos, o filósofo português José Gil traduz linguagem corpórea – "laço que une todos os membros em corpo comunitário" –, associando a energia oral a sistemas simbólicos, à percepção cósmica, quando:

> [...] cada corpo individual, fragmento momento do corpo comunitário, compõe e analisa os seus ritmos, deixando-se atravessar pelos ritmos de todos os outros. Aí se encontra o meio onde circula o significante flutuante, ligando as potências singulares às do grupo, transmitindo as energias dos animais aos homens, dos homens a terra e ao céu. Sua dinâmica implica todas as presenças do universo (GIL, 1997, p. 56).

São perspectivas marcantes a estudiosos de culturas africanas e em diáspora, como Esiaba Irobi, que pontua "africanos sobreviveram à travessia do Atlântico trazendo consigo *escritas performativas,* veiculadas a transmissões de geração a geração por meio da inteligência do corpo humano". Ainda especificou: sendo a "ontologia da maioria de povos africanos primordialmente espiritual, o corpo físico incorpora, em certo nível, hábitos memoriais" (IROBI, 2012, p. 276).

Povos de Áfricas, imunes ao individualismo e à expansão mercantil europeia, com corpos comunitários e socializados em razão sensorial – articulando sentidos de audição, visão, olfação, fonação, tato –, herdaram ancestrais saberes corpóreos. Enquanto territórios de oralidade, folhetos de cordel, festejos, batuques e celebrações negras projetam africanidades, visões cósmicas, linguagens corporais, embates ao escravismo. Com palavras proferidas em *mise-en-scène* vinculadas a dramas, encenaram animais e forças de uma natureza viva e atuante.

O folheto de cordel *Rabicho da Geralda* (1792) narra saga de *Rabicho,* boi da senhora *Geralda,* em fuga por sertões do Ceará, deixando "rastros" de seu corpo, em cantoria recolhida por José de Alencar (1993, p. 42). Elogiando os cantadores, Alencar registrou suas *performances*: o "traço mais saliente das rapsódias sertanejas parece-me ser a apoteose do animal. O cantor é o espectro do próprio boi [...]; o herói não é o homem e sim o boi" (ALENCAR, 1993, p. 43).

Em epopeia dialógica bantu, boi e vaqueiros narram drama de escravo foragido, rendendo-se por "flagelo da natureza", questão advinda de desequilíbrios entre forças e energias do meio ambiente, obrigando *Rabicho* a descer penhascos para beber água em várzea.

No anonimato oral, *Rabicho da Geralda* surpreende por ter sido impresso e cantado com data no texto literário: *"Chega enfim noventa e dois/ aquela seca comprida/ logo vi que era causa/ d'eu perder minha vida"* (ALENCAR, 1993, p. 43). Causando impacto, só alcançamos compreensão em leitura de Michel-Rolph Trouillot sobre a Revolução no Haiti, deflagrada em agosto

HISTÓRIA E CIDADES

de 1791. Analisando silêncios em torno da primeira e única rebelião escrava bem-sucedida das Américas, em comentário basilar, Trouillot deixou registro de grande significado: "A existência de extensas redes de comunicações entre os escravos, das quais temos apenas indícios, não chegou a se tornar um tema *sério* de pesquisa histórica" (TROUILLOT, 2016, p. 168, grifo do autor).

Pressentindo "extensas redes de comunicações" – muitas das quais formadas por marinheiros negros livres e escravizados que se valiam da vida marítima para escapar ao cativeiro[35] –, forjando laços dialógicos, conectando regiões com escravizados, Trouillot menciona percepções do potencial comunicativo de corpos negros. Burlando o "poder do arquivo" senhorial, *Rabicho da Geralda,* em 1792, marca quando escravizados no Ceará receberam notícias de rebeliões no Haiti, onde grande parcela de africanos em luta era de povos bantu, recém-chegados do Congo, como bantu eram povos escravizados no Nordeste, assim como no Sudeste, do Brasil.

Emerge o potencial comunicativo entre escravizados, na contramão de histórias da escravidão que perderam de vista africanos burlando seus senhores. Tais indícios renovam caminhos de pesquisa que assumam a condição humana dos escravizados, pensando em suas formas cognitivas no enfrentar violências a que foram submetidos. Em ativas transgressões, forjaram redes de comunicações inconcebíveis a senhores letrados.

Em meados do XIX, em outro verso com xilogravura, advém rebeldia na Bahia, remetendo à insurgência escrava narrada no *ABC de Lucas de Feira,* que projetou o corpo negro de Lucas, foragido em 1824 de fazenda em Feira de Santana e preso 24 anos depois, em 1848, sendo enforcado em 1849. Mais de século depois, em 1967, sua xilogravura foi incluída no Mural da Rodoviária de Feira de Santana, pelo escultor baiano Lênio Braga; dois anos depois, em 1969, inspirou o filme clássico de outro baiano, Glauber Rocha.

Em chave de Exu, Glauber produziu *Dragão da Maldade contra o Santo Guerreiro,* assumindo lutas raciais e por terra ao encenar dramas messiânicos no Sertão Nordestino, inflamado por Ligas Camponeses nos anos 1960. Filme de forte impacto, desencadeou críticas à democracia racial no Brasil, naquele regime militar.

Em metáfora visual – recurso de "astúcias de lógica oral" – ao produzir representações sem abstrações (DIAGNE, 2005, p. 63), xilógrafos

---

[35] Estima-se a existência, entre 1795 e 1811, de 2.058 escravos dentre os 12.250 marinheiros nos navios do tráfico brasileiro, ao passo que, na navegação de cabotagem, em fins do século XVIII, trabalhavam cerca de 10 mil marinheiros escravos (RODRIGUES, 1999).

recorreram a símbolos, conjugando cosmos/corpo/cultura. Revivido em corpo de dragão, o visual dessa metáfora permite **ver** como escravizados resistiram em suas linguagens, insurgindo-se em *performances,* delineando visão de mundo, ética e estética na contramão do expansionismo europeu, no universo de suas tradições orais em folheto de literatura oral.

O corpo de Lucas representa ser híbrido: postura humana, mãos com utensílios de trabalho, metáfora associando corpos de animais da terra, água, ar e fogo, quatro elementos da condição humana. Com rabo de escorpião (bicho da terra), dorso de cobra (animal d´água), cabeça de ave (do ar), ao jogar palavras de fogo ao ar, transfigurou-se. Em metamorfose de dragão, conjugou reinos mineral, vegetal, animal, humano, traduzindo cosmologia africana com corpos de animais.

Figura 1 – Dragão da Maldade: Lucas Evangelista – 1808/1849

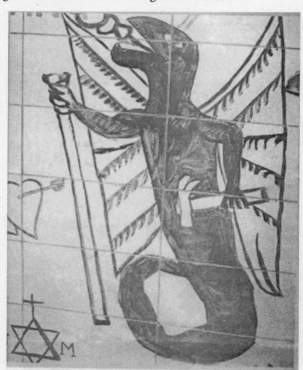

Fonte: Mural na Rodoviária de Feira de Santana (BA).
Foto de Antonieta Antonacci

Claros/escuros destacam o corpo negro rebelado; esfumaçado de palavras de fogo, garantem transparentes asas de liberdade. Esculpido em xilogravura na capa do *ABC de Lucas de Feira*, revela africano enfrentando práticas de racismo desde visão de mundo, arte, ética e estética em *performances*. Como metáfora visual, seu corpo se situa na contramão de ideários europeus. Projetando *Lucas*, xilógrafos plasmaram sistema simbólico, epistêmico, metafórico em corpo negro comunitário. Corpo concebido em filosofia proverbial, como provérbio bambara e peul, que circula em Hampâtê Bá (1982, p. 176) – "As pessoas da pessoa são inúmeras na pessoa" –, enunciando, no avesso de abstrações, sentido comunitário de culturas negras.

Referindo-se a provérbios em culturas africanas, micronarrativas com organização lógica de comunicação e rítmica de oralidade, em seu sentido cognitivo, tais expressões-síntese são apreendidas "como monumento verbal", reunindo "à dimensão epistêmica, uma utilidade prática, atuando como memória em culturas alheias a conceitos" (DIAGNE, 2005, p. 68). Em "aproximação sociocultural ao fenômeno proverbial", o filósofo Mamoussé Diagne argumenta que, na mentalidade proverbial, civilizações africanas codificam conteúdos morais e filosóficos, sendo provérbios um dos suportes da arqueologia de saberes orais africanos.

Na xilogravura de *Lucas*, subjacente ao uso da imagem, emergem as metáforas, basilares na sabedoria africana: "sem serem isoladas e com poder de representação, pode-se dizer que metaforizar tem função decisiva em civilizações orais" (DIAGNE, 2005, p. 30). Metafórico, performático e simbólico predominam em cognições africanas fluentes em "lógica oral", que foram reinventadas em tradições culturais em diáspora no Brasil, em jogo duplo significante, de "dupla referência" ou "dupla voz" (SODRÉ, 1983; MARTINS, 2005), ao se equilibrar entre seus antigos e os novos referenciais.

O sentido metafórico

Trabalhando a superioridade da metáfora em relação à comparação, centramo-nos em estudo de Paul Ricoeur, na perspectiva de evidenciar dinâmicas da "lógica oral", desvendando argumentos e dimensões constituintes de seu emergir em alguns contextos. Para Ricoeur, "bem metaforizar é ter o domínio das semelhanças", distinguindo na metáfora uma atribuição paradoxal, pois seu fazer-se consiste em produzir um enigma: "a essência do enigma consiste em apontar termos inconciliáveis, só admissíveis com a metáfora, não sendo fundada no 'isto (é) aquilo' que a comparação desenvolve, sendo que a metáfora preserva a redução de sua expressão" (RICOEUR, 2015, p. 38). Ainda aponta uma filiação semelhante, que se encontra na base da aproximação entre provérbios e metáforas, "aproximação tanto mais brilhante quanto inesperada, na verdade paradoxal e inabitual" (RICOEUR, 2015, p. 48).

Com atenção voltada à produção do sentido metafórico, refere-se desde então ao "enunciado metafórico" como um tipo de sintagma ou "semântica da metáfora que se edifica sobre a tese da animação de palavras em enunciação viva" (RICOEUR, 2015, p. 127). Longe de ser um desvio à operação da linguagem, a metáfora remete ao âmago da interação verbal, pois mantém pensamentos de dimensões diferentes, simultaneamente ativas no contexto do uso da palavra ou de uma expressão simples, cuja significação resulta de uma interação.

Sem se tratar de "simples deslocamento de palavras, remete a um comércio entre pensamentos, uma transação entre contextos [...], sendo a metáfora uma habilidade, um talento de pensamento" (RICOEUR, 2015, p. 129). Na metáfora, dois pensamentos são, de alguma maneira, "desnivelados, no sentido em que descrevemos um sob os traços do outro", apresentando "uma ideia sob o signo de outra" (RICOEUR, 2015, p. 132). A ideia original e a emprestada, o que é realmente pensado ou dito e aquilo a que se assemelha: a ideia e sua imagem, com "empréstimo à noção de imagem mental [...] a palavra fornece duas ideias ao mesmo tempo, comportando interações" (RICOEUR, 2015, p. 132).

Por "Apresentar uma ideia sob o signo de outra mais evidente, mais conhecida", a metáfora marca interações em linguagem "figurada", cobrindo "não somente a chamada 'figura', mas a perspectiva de reorganizar a visão das coisas" (RICOEUR, 2015, p. 135). Daí o metafórico ser um ver com sentido, com um poder simbólico ao "redescrever" a realidade além da linguagem.

Considera que o domínio da metáfora exige que se compreenda seu funcionamento e o da linguagem inteira, sendo um enunciado integral que constitui a metáfora, enquanto a atenção se concentra em palavra particular. Ao justificar o "enunciado metafórico" como linguagem "figurativa", aponta a cognição de invenção, de inovação na construção da metáfora. Sendo palavra que adquire vida somente em seu contexto de uso, a metáfora se constitui em "instância do discurso", figurando em mudança de sentido ou mudança de significação. "A percepção da semelhança entre duas ideias configura justamente a chave da metáfora" (RICOEUR, 2015, p. 185).

Ao invés de comparar explicitamente duas coisas, "a metáfora realiza um curto-circuito verbal, introduzindo mudanças de sentido. Seu lugar na linguagem é entre as palavras e as frases, sendo que o ganho advém em nova configuração do universo de representações" (RICOEUR, 2015, p. 195). Como a metáfora resulta em enigma, "o sentido metafórico contém a solução do enigma" (RICOEUR, 2015, p. 195).

Admitindo que a metáfora deve ser buscada entre as figuras de palavras, a originalidade que concerne à metáfora não consiste nem na metáfora como figura de palavra, nem na descrição dessa figura como substituição, mas na própria substituição por uma modificação que conduz a outra figuração. A metáfora só advém de relações de sentido, sendo que a condição de ser de uma metáfora viva é produzir imagem, podendo surgir como estranha no texto em que se insere. Ricoeur (2015, p. 289):

> [...] designa como metáfora todo deslocamento do sentido literal ao sentido figurativo – o ver como – papel de ponte entre o verbal e o visual na função imaginante da linguagem. Na metáfora viva tal tensão é essencial. O ver metafórico traduz-se em um ver com sentido.

Nessa perspectiva, a metáfora é uma peça essencial na teoria simbólica, sendo transferência por exemplos, cobrindo a perspectiva de reorganizar a visão das coisas, criar a semelhança, mais que a encontrar ou exprimir. "A metáfora visa o inteligível por meio do sensível, significando em ato, vendo as coisas inanimadas como animadas, como aquilo que eclode" (RICOEUR, 2015, p. 474). Em seus oito estudos, segue uma trajetória que vai da palavra à frase e, então, à linguagem ou ao discurso, configurando um deslocamento ou extensão do sentido das palavras. Com poder de refazer a realidade segundo uma pluralidade de modos discursivos, sempre aborda a "verdade metafórica" como poder de descrever a realidade fora da linguagem.

Artes da memória em *performances*

Antes da expansão da imprensa na Europa e de práticas de letramento impulsionadas pelas reformas religiosas, métodos de preservação e transmissão de dogmas religiosos, hierarquia de poderes, posturas frente vícios, virtudes e moral ficaram conhecidos como *arte da memória*. Imagens com técnicas de organização espacial, disposições arquitetônicas, combinações de luz e sombra, iluminuras, insígnias de poderes acionavam memórias visuais e técnicas mnemônicas, lembrando que homens e culturas não nasceram letrados ou equipados para imprimir, construindo sinais memoráveis de seus modos de ser, viver, saber.

Envolvendo sentidos da condição humana, povos africanos desprezaram o incorpóreo e abstrações do pensar letrado, transmitindo saberes em ações encarnadas, em *performances* sob epistemes pulsantes. Quando sentidos e usos do corpo sofreram transformações na civilização ocidental, povos de culturas negras, interrogando a "razão gráfica" ocidental à luz de seus procedimentos em "lógica oral", pluralizaram raciocínios e saberes, potencializando a condição humana.

Raciocinando por enigmas, charadas, adivinhações, provérbios, cenários, a sabedoria de povos em "lógica oral" alcança configurações plásticas. Sem acaso, Mamoussé Diagne considera o traço essencial da oralidade advir de ser "a ideia virtualmente cena, espetáculo" (DIAGNE, 2005, p. 63). Ao abordar a regência do *"drama* do saber", em seu contínuo devir em culturas orais, como a "dramatização da ideia constituir necessidade, fornecer modo de exposição, validação do saber, meio eficaz de seu arquivamento" (DIAGNE, 2005, p. 68), desviou-se do sentido de arquivo no Ocidente. "Sem a mesma substância, nem os mesmos contornos", inseriu o corpo como "arquivo vivo" e o conhecer africano na arqueologia de saberes orais (DIAGNE, 2005, p. 139).

Por meio de suas *performances,* expressões de materialidade e subjetividade corpóreas, povos africanos em diáspora têm sinalizado seus repúdios a poderes e olhares eurocêntricos. Articulados como "corpo comunitário", marcam e erguem fronteiras à personalidade dominante. O jamaicano Stuart Hall, ao enfatizar que, na diáspora, os africanos se valeram do corpo no uso de "elementos de um discurso diferente em sua expressividade, musicalidade, oralidade e, sobretudo, no uso metafórico do vocabulário musical" (HALL, 2003, p. 183), já enunciara que corpos negros carregam narrativas imagéticas e sonoras, em afiliações que, distantes da retórica discursiva da letra, se valem de metáforas verbais, visuais e rítmicas, encenando pedagogias performáticas.

Em atenção ao "poder do corpo negro como local de múltiplos discursos para esculpir história, memória, identidade e cultura", com pesquisas em torno de festas e rituais em África e na diáspora, o escritor nigeriano Esiaba Irobi acentuou que os africanos "trouxeram consigo escritas perfor-

HISTÓRIA E CIDADES

mativas", oriundas de práticas culturais afro-nativas ancestrais, traduzidas na diáspora pela "inteligência do corpo humano" (IROBI, 2012, p. 273), em sociabilidade sinestésica.

Perspectiva essa que faz do corpo negro "ferramenta para interrogar teologias associadas à 'branquitude' e outras manifestações da hegemonia cultural e intelectual do Ocidente " (IROBI, 2012, p. 274). Enfatizando como as humanidades negras se refizeram no Novo Mundo, Irobi (2012, p. 274) acentua que a "translocação da inteligência sinestésica autóctone africana se reatualiza em rituais, celebrações, festas, *performances*", sendo a "transcendência mais facilmente realizável como experiência corporal e performática que como engajamento intelectual ou logocêntrico."

O corpo vem alcançando análises de filósofos, semiólogos, antropólogos, historiadores, permitindo melhor compreender o renascer e renovar contínuos de culturas africanas em diáspora, questões apreendidas, inicialmente, em cadências de literatura oral do Nordeste do Brasil, onde vozes e corpos negros fluem em folhetos de cordel. Corpos transgressores ao escravismo e colonialismo, em suas artes de viver, forjaram linguagens na intimidade de suas heranças, em subliminares reinvenções, revelando o indissociável de formas de comunicação, universos artísticos e práticas de educação.

Atualmente, emergem em ritmos e gestos em festas no Sudeste, como em *Memória do Jongo*, dança e vocalidade afro-brasileira, e, ainda, em memórias corporais, como Patrick Chamoiseau (2009, p. 40), em pesquisa na Martinica. Frente a padrões de memórias escritas, as pesquisas desse intelectual afro-caribenho apontam o vai-e-vem entre sentidos e sensibilidades, articulando memórias do corpo a conjugações música/dança/canto, por africanos desembarcados na Martinica, região em que a "linguagem fundamental de transgressão à escravidão começou de maneira silenciosa, pelo reencontro da memória do corpo" (CHAMOISEAU (2009, p. 41). A dança e as arquiteturas gestuais energizaram os que "saíram alquebrados do navio negreiro".

O ritmo que elaboraram sobreviveu à plantação escravista por razões econômicas: inicialmente interditado, o tambor foi integrado e perdurou porque o senhor percebeu que favorecia a produtividade. Os *cantos de trabalho* coexistiram com *processos de contestação* (CHAMOISEAU, 2009, p. 41).

Também no jongo, "dança e gênero poético-musical de comunidades negras de zonas rurais e periféricas de cidades do Sudeste do Brasil", africanos de Congo-Angola, em subterfúgios de suas oralidades, "burlaram os senhores, que não viram, muito menos entenderam todos os *batuques* que os escravos realizavam" (MATTOS; ABREU, 2007, p. 73). Articulando poesia, canto e dança ao som de tambores esculpidos em troncòs de árvores e afinados a fogo, no jongo, predominam usos de recursos metafóricos, linguagens crípticas, que os contendores podem *desatar* ou *ficar amarrados*, a depender de estarem ou não aptos a decifrar o poder das palavras contidas nos versos com os quais os participantes se desafiam entre si (DIAS, 2009, p. 154).

O pesquisador norte-americano Stanley Stein, mesmo sem entender os versos curtos com palavras bantu em seus princípios cósmicos, registrou desafios cantados em Vassouras (1941), nos quais "as pessoas eram substituídas por árvores, pássaros, animais da floresta" (PACHECO, 2007, p. 23), comunicando-se entre si, em linguagem inacessível aos de fora. No improviso, em estratégias cognitivas – "astúcias da razão oral" (DIAGNE, 2005) –, emitiam contatos entre grupos de fazendas próximas, quando se encontravam na colheita do café.

Com acentuado caráter comunitário, pontos *jogados* por um cantador, com adivinhas ou desafios a serem decifrados ou *desatados* por coro responsorial, eram cantados e dançados com bater de palmas, pés e rodeios corporais em rodízio de dançarinos em roda, sob a percussão de grande e médio tambor. O marca passo era sincopado pela cuíca, tambor percussivo bantu, acionado por fio de algodão na produção de um som rouco e forte, revelando suas manifestações culturais.

Entremeando artes e artimanhas, africanos em diáspora lograram abstrair perdas profundas no tráfico e na escravidão, abrindo *frestas* em festas, encenando suas memórias de África no Brasil, compartilhando situações *subliminares* na escravidão. Em trabalhos de memória nutridos por filosofia de mitos e cantos africanos, atravessados por provérbios, metáforas, recursos vocais e rítmicos de suas culturas, os escravizados reinventaram linguagens audiovisuais e ritualísticas, resguardando suas tradições, como permitindo lermos seus significados em falares, só recentemente pesquisados e articulados.

Pesquisas voltadas à arte da encenação de memórias em diáspora – plenas de dramatizações, teatralidades, imagens, *performances* – pontuam prolongamentos do corpo, desde instrumentos musicais, máscaras, adereços, vestes, regimes simbólicos, no ocupar espaços com relevo e densidade corpórea, como no pensar o tempo a partir de seus ritmos (SODRÉ, 1998, p. 98).

Ritmos que acentuam literariedades sônico-percussivas como veículos de comunicações, em culturas sem disjunções natureza/cultura, corpo/saberes, arte/vida, ritmo/memória.

Corpos de povos africanos em diáspora, cultivados e sociabilizados em todos os sentidos da condição humana, usufruem sensibilidades articuladas e projetam gramáticas corporais que ecoam e sustentam reverberações comunitárias na diáspora. Suas injunções em memórias do corpo, na vitalidade de seus sentidos, permitiram mais que sobreviver após traumas do tráfico e escravidão, reinventar seus fundamentos culturais no Novo Mundo.

Nessa direção, retomamos o filósofo português José Gil, que traz questões basilares sobre usos de corpos comunitários, ao enfatizar que, na ausência de linguagem articulada, o "médium utilizado" é o corpo, mas "um corpo que contém em si a herança dos mortos e a marca social os ritos" (GIL, 1997, p. 53). Como "transdutor de códigos", o corpo em regime de oralidade "permitia uma coesão social fundada em comunicação comunitária", em *infralíngua* gestual, para o que "permanece inverbalizado, senão inverbalizável", na "inteligência do mundo específico do corpo" (GIL, 1997, p. 54).

Em gêneros orais, para que as palavras detenham poderes e estreitem identidades, elas precisam ser entoadas ritmicamente, pois o corpo e a fala necessitam de movimentos de vai-e-vem. É **no** e **através** do ritmo e dos gestuais que representam e compartilham seus imaginários. Em "atitude rítmica" (SENGHOR, 2012) foi que refizeram seus laços comunitários para além tempo linear das histórias e de registo de documentos letrados, expandido desde a Europa.

Sem instâncias de livre escolha, figuras, metáforas, imagens são conjugadas de modo a sustentarem o reino de *fonction imageante*, fundamental na cognição, transmissão, atualização de culturas orais africanas (DIAGNE, 2005, p. 59). Reforçando o desafio a "recursos ao concreto (imagens, metáforas) para dizer o abstrato, fator decisivo" em conheceres alheios a conceitos, o ato oral fica reforçado ao colocar em cena o corpo. Efêmero e fugaz, abriu espaço a imagens, materializando representações do real em metáforas, analogias, provérbios, símbolos correspondentes a imagens. A letra, representação da representação, constitui abstração; o oral advém enunciando poderes do corpo em ato performático.

Tentando concretizar suas formas de memorização, transmissões e redes de contatos sustentadas por cognição e comunicação em "lógica oral", nas próximas passagens, a partir de leituras de filósofos africanos, vamos abordar artifícios e fundamentos basilares de culturas de ancestrais matrizes orais, hoje enlaçadas por tradições escritas e colonialidades em padrões ocidentais.

Oralidade em filosofar africano

Diante de impasses em relação a culturas constituídas em torno de procedimentos de transmissão, e não do transmitido em padrões ocidentais, filósofo africano, como Jean Bidima, discute questões às suas *condições de enunciações.*

> Quais são os constrangimentos, as vantagens teóricas, política e antropológicas que presidem a confeção de discursos filosóficos africanos e em que medida a distância, o limite e a transposição de traços impostos ou escolhidos fecundam, esvaziam, disfarçam seus discursos? (BIDIMA, 2011, p. 625).

Em tensões históricas, políticas e epistêmicas entre pesquisas atuais de filósofos africanos, centramos atenção em estudos do filósofo senegalês Mamoussé Diagne, da Universidade Cheick Anta Diop, de Dacar, que remetem à oralidade no cerne do filosofar em África.

Em diálogo com o antropólogo britânico Jacques Goody, em *A lógica da escrita e a organização da sociedade* (1986), Diagne vem discutindo a "lógica do oral" frente à "razão gráfica". Fundamentando-se em **procedimentos de dramatização,** em *mise-en-scène* de complexos de imagens e metáforas vivas, que podem ser verbais, musicais, visuais, gestuais – como provérbios, adágios, charadas, máscaras, ritmos –, em suma, com recursos de teatralização entre o narrador e sua audiência, Diagne (2005, p. 73) constrói reflexões metodológicas, políticas, filosóficas no universo de civilizações orais africanas.

Além da dramatização na arquitetura de gêneros orais, em atenção à "linha de partilha ou de exclusão, que se origina no campo do saber, induzindo a um conjunto de efeitos que atravessam a sociedade", evidencia: o que "está em jogo na relação complexa de interlocutores e hermeneutas é, além do saber dramatizado, o **drama do saber,** que é de natureza política: referente à detenção ou partilha do poder nesse tipo de sociedade" (DIAGNE, 2005, p. 75).

Nessa referência a drama do conhecimento, Diagne se alinha a intelectuais emergentes em Latino América, como Horácio Gonzalez, antigo diretor da Biblioteca de Buenos Aires, ao questionar intelectuais frente à "locomoção geral das ideias e à tragédia do conhecimento" (GONZALEZ, 2014, p. 57 *apud* ANTONNACCI, 2014, p. 165).

Mesmo sem filiações a estudos pós-coloniais, Diagne traz a debate questão aberta no coletivo modernidade/colonialidade/decolonialidade, com intelectuais do Caribe e Latino América, que, sob outros ângulos, vêm interrogando conhecimentos euro-ocidentais. Desestabilizando verdades e passados universais, optam por estratégias cognitivas locais, na multiplicidade de saberes.

Em outra perspectiva crítica, Diagne retomou o filósofo Michel Foucault, em *Arqueologia do saber* (1969), para discutir a diferença de ser arquivo e arqueologia do saber entre civilizações escriturárias e de oralidades. Trazendo à tona o patrimônio oral de contos a provérbios, enigmas e adivinhações transmitidos e preservados com técnicas históricas de culturas orais, em que há abundância de imagens, figuras, alegorias, metáforas e *performances,* Diagne aponta que a "dramatização põe em ação uma cena ou um cenário, cada vez atualizado pelos atores, de modo a atribuir significações à aventura do homem e do mundo [...], reconstituindo o arsenal" de filósofos africanos (DIAGNE, 2005, p. 84).

Partindo de oralidades africanas, renovadas em séculos de prepotência da cultura letrada europeia, na dinâmica de sua "pensée imagée", Diagne aponta que, no ato oral, emerge o constituir de seu arquivo vivo e arqueologia de saberes, situados no cerne de modos de pensar e polemizar alheios a protocolos do Ocidente. Emprestando de Foucault a noção de arquivo e arqueologia, contextualiza a sabedoria oral na contramão do caráter diretivo e informativo do arquivamento ocidental, delineando ter que "ser diferente da disposição de uma civilização do escrito, porque a noção de arquivo não tem nem a mesma substância nem os mesmos contornos [...], tendendo a ser um pouco desviado do sentido atribuído" pelo filósofo francês (DIAGNE, 2005, p. 86).

Na ambivalência e polissemia de cognições orais, considerando que suas formas de constituição dependem do fazer-se aqui e agora, em níveis de sedimentação de imagens e complexos de metáforas implicados em certos "textos orais", em modalidades de sua encenação, Diagne abre para flexões locais.

A recorrência à dramatização e teatralidade, inerentes a modos próprios da oralidade para assegurar relativa perenidade a atualização de saberes, permite perceber que tais recursos advêm de exercícios para organizar e renovar memórias onde a "linha de partilha do dizível e indizível: o que não se pode ainda dizer, pois que está a ocorrer" (DIAGNE, 2011, p. 141), fica tênue. Tais recursos intensos a imagens devem-se a questões ligadas ao próprio ato oral, sintetizando: "A dramatização não é, portanto, um envelope formal e supérfluo, ela é suporte pedagógico adaptado ao contexto oral" (DIAGNE, 2011, p. 141).

Atribuindo vida ao ato de pensar em regimes orais, Diagne permite antever o *encarnar, incorporar* da sabedoria africana, que, fazendo uso marginal do suporte escrito, atribui a jogos do corpo – arquivo vivo – forças fundamentais em conjugações de viveres comunitários, perdidos para os ocidentais, que, ainda hoje, revitalizam línguas e linguagens sensíveis a circunstâncias locais e à natureza social do conhecimento no continente africano.

Ao acentuar ser a comunicação em tradições orais sempre abordada de forma negativa, situada num tópico dualista que se refere à escritura, sem negar o papel da escrita na fixação do pensamento, polemiza a atenção unicamente atribuída às produções escritas ocidentais. Perspectiva que "arrisca devotar uma adoração sem partilha ao universal abstrato que assume a Europa para teorizar sua especificidade" (DIENG, 1983, p. 105). Assumindo sua expansão e seu conhecimento como verdade universal, Dieng sinaliza que, aos intelectuais da Europa, só cabia um pensar abstrato, sem local de cultura, sem enunciado de outras regiões e lugares do mundo.

Acompanhando o filósofo Paulin Hountondji, do Benin, na urgência "de engajar um debate de fundo em torno da teoria do conhecimento dominada pela visão do Ocidente", Mamoussé Diagne assume um "combate pelos sentidos" – título da tese defendida por Hountondji em 1997 – articulando audição, visão, olfação, fonação, tato, em recusa a toda divisão internacional do trabalho.

Como o *logos oral* é proferido à voz viva, em situação de *performances*, em trama temporal desafiando sua retenção durável, Diagne remete a "astúcias da lógica oral", em culturas no intertextual expressivo de todos os sentidos da condição humana. Firma serem, nas civilizações orais, "produzidos fenômenos remarcáveis, ausentes ou sem a mesma função em culturas letradas", destacando sensibilidades advindas "de recursos frequentes a imagens ou metáforas, a *mise-en-scène* sob a forma de uma história que libera conhecimentos a reter" (DIAGNE, 2005, p. 87), ganhando contornos em pedagogias performáticas.

Contextualizando saberes, sentidos, energias liberadas na teatralização de *performances* entre o narrador, o cenógrafo e sua audiência, abre para um conhecer lúdico, festivo, brilhante de grupos sob regimes orais de comunicação, como de povos africanos para cá transportados, que não abriram mão de forjar interações em "condições de enunciação", em pedagogia performática, quase nunca reconhecidas e menos ainda referendadas.

Sem menosprezar quaisquer sentidos, as civilizações orais produzem saberes para além da estruturação binária, fundada em forma e textura, que perdem de vista a plasticidade, a tridimensionalidade de modos de ser, sentir, viver, produzir artes e ofícios em múltiplas direções, sem o "vigiar e punir" eurocêntrico, que domina nas universidades e academias letradas.

Nesse sentido, as civilizações de culturas orais assentam sobre uma dimensão alargada de comunicação, de arte e literatura, de teatro e produção de conhecimentos, prenhes de intercâmbios interculturais, forjando seus suportes no aqui e agora de seus fazeres. Enquanto certos suportes materiais podem jogar o papel de coadjuvantes mnemotécnicos ou intervir nos procedimentos de arquivamento, como instrumentos musicais que, pensados como prolongamentos do corpo no fazer de suas *performances*, não têm *status* puramente ilustrativos.

A função dos instrumentos rítmicos é decisiva nas civilizações orais. São "ordenados em conjuntos complexos de relações significantes, integrados a estruturas coerentes em procedimentos de *mise-en-scène* e de dramatização" (DIAGNE, 2005, p. 67). Sua insistência no teatro e na representação em termos de seus recursos metodológicos ganha expressão como necessidade decorrente da estreita implicação do fato oral em si mesmo.

Como que deslocando atenções do *fato* para o *feito,* na perspectiva de não haver um fato ou um corpo apartado de relações histórico-culturais vividas, o fazer-se de comunicações densas e alargadas, interagindo com pedagogias performáticas, detém-se em procedimentos e recursos do *feito*, em processos dialógicos comunitários que organizam a "palavra viva" em suas interações intertextuais, interculturais, interdisciplinares.

No referente a tais questões em torno de meios de transmissão, comunicações e cognições entre culturas letradas e culturas orais, em país com profundas matrizes africanas, ameríndias e preconceitos raciais, torna-se impossível continuar ignorando as dinâmicas desses distintos universos culturais, já em séculos de criativos intercâmbios interculturais, pouco mencionados, menos ainda abordados.

São diferenças que vêm saindo do confinamento, lentamente desbloqueadas, para não serem mais continuamente silenciadas nem deslocadas de um lado para outro, mantendo seus traços culturais, históricos, epistêmicos, políticos.

Com tais fundamentos básicos em relação a culturas alicerçadas em ancestrais matrizes orais, importa admitir que a reinvenção de africanidades no Brasil e no Novo Mundo ganhou diferentes roupagens, sob os mais diversos ângulos, exigindo estudos locais atentos a suas relações, forças e circunstâncias regionais, de modo a apreendermos suas injunções em histórias locais.

Desde 2003, a Lei 10.639, tornando obrigatório, em todo sistema educacional, o ensino de história da África, culturas africanas e afro-brasileiras, torna premente pesquisas e debates no sentido de melhor apreendermos fundamentos culturais nas reinvenções de africanidades entre nós. Discussões apontam para o potencial de descolonização pedagógica contido nas diversas formas de aplicação dessa lei, reafirmada, em 2008, pela Lei 11.645, estendendo a obrigatoriedade curricular para histórias indígenas e suas culturas, muitas já afro-indígenas.

Referências

ALENCAR, J. **O nosso cancioneiro**. Campinas: Ed. Pontes, 1993.

ANTONACCI, M. A. **Memórias ancoradas em corpos negros**. 2. ed. São Paulo: EDUC, 2014.

BIDASECA, K. *et al.* (Ccomp.). **Legados, Genealogias y Memórias Poscoloniales en América Latina**. Buenos Aires: GODOT, 2014.

BIDIMA, Jean-Godefroy. Philosophies, démocracies et pratiques. **Critique, Philosopher en Afrique**, Paris: Éditions des Minuit, n. 771-772, 2011.

CHAMOISEAU, Patrick. **Retrouver la mémoire du corps. Le Point, hors-séries, La Pensée Noire.** Paris: Societé d´exploitation de l´hebdomadaire, 2009.

DIAGNE, M. **Critique de la raison orale:** les pratiques discursives en Afrique noire. Paris: Karthala, 2005.

DIAGNE, M. **Logique de l´écrit, logique de l´oral:** conflit au coeur de l´archive. Critique, Philosopher en Afrique. Paris: Éditions des Minuit, 2011.

DIAS. P. Tradição e modernidade nas ingomas do Sudeste. Jongo e candombe. *In*: LAHNI, C. R. *et al.* **Culturas e diásporas africanas.** Juiz de Fora: Editora UFJF, 2009. p. 153-164.

DIENG, A. **Contribuction à l´etude des problèmes philosophiques en Afrique Noire. Critique.** Paris: Éditions des Minuit, 1983.

FOUCAULT, M. **Arqueologia do Saber.** 3 ed. Rio de Janeiro: Forense Universitária, 1987.

GALANTE, R. Chegada de africanos ao Brasil alterou nossas tradições sineiras. Entrevista concedida a Antônio Carlos Quinto. **Jornal da USP,** São Paulo, 2003. Disponível em: https://jornal.usp.br/podcast/pesquisa-analisa-como-a-chegada-de-africanos-ao-brasil-alterou-nossas-tradicoes-sineiras/. Acessado em: 3 maio 2023.

GIL, J. **Metamorfoses do corpo.** Lisboa: Relógio D`Água, 1997.

GOODY, Jacques. **A lógica da escrita e a organização da sociedade.** Lisboa: Edições 70, 1986.

HALL, Stuart. **Da Diáspora.** Belo Horizonte: EDUFMG, 2003.

HAMPÀTÊ BÁ, A. A tradição viva. *In*: KI-ZERBO, J. (org.) **História Geral da África.** São Paulo: Ática: UNESCO, 1982. p. 167-212.

IPHAN / Ministério da Cultura. **Toque dos sinos e o ofício de sineiro em Minas Gerais.** Dossiê IPHAN 16. Brasília, 2016.

IROBI, E. O que eles trouxeram consigo: carnaval e persistência da performance estética africana na diáspora. **Revista Projeto História,** São Paulo, n. 44, p. 273-293, jun. 2012.

MARTINS, L. **A cena em sombras.** São Paulo: Perspectiva, 1995.

MATTOS, Hebe; ABREU, Martha. Jongo, registros de uma história. *In*: LARA, Silvia; PACHECO, Gustavo (org.). **Memória do Jongo:** as gravações históricas de Stanley Stein: Vassouras, 1949. Rio de Janeiro: Folha Seca; Campinas, SP: CECULT, 2007.

PACHECO, G. Memória por um fio: as gravações de Satnley Stein. *In*: LARA, S.; PACHECO, G. (org.). **Memória do Jongo:** as gravações históricas de Stanley Stein: Vassouras, 1949. Rio de Janeiro: Folha Seca; Campinas, SP: CECULT, 2007.

RICOEUR, P. **A metáfora viva.** 3. ed. São Paulo: Edições Loyola, 2015.

RODRIGUES, J. Cultura marítima: marinheiros e escravos no tráfico negreiro para o Brasil (sécs XVIII e XIX). **Rev. Bras. Hist,** v. 19, n. 38, 1999. Disponível em: https://doi.org/10.1590/S0102-01881999000200002. Acesso em: 30 abr. 2023.

SENGHOR, L. S. O contributo do homem negro (1939). *In*: SANCHES, Manuela (org.). **As malhas que os impérios tecem:** textos anticoloniais, contextos pós--coloniais. Lisboa: Edições 70, 2012. p. 73-92.

SODRÉ, M. **A verdade seduzida**. Rio de Janeiro: Francisco Alves, 1983.

SODRÉ, M. **Samba, o dono do corpo**. Rio de Janeiro: Mauad, 1998.

TAYLOR, D. **El archivo y el repertorio:** la memoria cultural performática en las Américas. Santiago de Chile: Ediciones Universidad Alberto Hurtado, 2015.

TROUILLOT, R-M. **Silenciando o passado:** o poder do arquivo na produção da história. Curitiba: Huya, 2016.

VIEIRA, Y. **Influência africana na linguagem dos sinos de São João Del-Rei**. 70ª REUNIÃO ANUAL DA SBPC, 22 a 28 de julho de 2018, UFAL, Maceió. **Anais** [...]. Maceió, 2018.

WILLIAMS, R. **The long revolution.** New York Chichester, West Sussex: Columbia University Press: Cox & Wyne Ltd., 1961.

YATES, F. **A Arte da Memória**. Campinas: EDUNICAMP, 2007.

ZUMTHOR, P. **Introdução à poesia oral**. São Paulo: Hucitec, 1997.

SOBRE OS AUTORES

Alberto Luiz Schneider
É professor de História do Brasil e membro do Programa de Estudos Pós--Graduados em História da Pontifícia Universidade Católica de São Paulo (PUC/SP). É doutor em História pela Unicamp e realizou pós-doutorado no Departamento de História da USP (2011-2012) e no King's College London (2008). É autor de capítulos de História Intelectual: racismos, identidades e alteridades na reflexão sobre o Brasil (Alameda, 2019) e vários publicados artigos no Brasil e no exterior.
Orcid: 0000-0002-7308-2524

Amilcar Torrão Filho
Doutor em História pela Unicamp, professor do PEPG em História da Pontifícia Universidade Católica de São Paulo, com diversos estágios pós-doutorais na Universidad Politecnica de Cataluña e Universidad de Barcelona. É coordenador do Núcleo de Estudos da Alteridade (NEA).
Orcid: 0000-0003-0913-6118

Bianca Melzi Lucchesi
Doutora em História Social pela Pontifícia Universidade Católica de São Paulo (Nos fundos da sociabilidade: usos e funções dos quintais populares paulistanos no final do século XIX e início do XX – 2021). Mestra em História Social pela Pontifícia Universidade Católica de São Paulo (Os cortiços e o urbanismo sanitário da cidade de São Paulo no final do século XIX – 2014). Graduada em História (bacharelado e licenciatura) pela Pontifícia Universidade Católica de São Paulo (2010). Integrante do GT-História Ambiental da ANPUH. Professora de História na Prefeitura do Município de São Paulo desde 2013.
Orcid: 0000-0001-7528-4333

Bruno Miranda Braga
Doutor em História pela Pontifícia Universidade Católica de São Paulo PUC-SP, mestre em História Social pela Universidade Federal do Amazonas, especialista em Estudos Amazônicos pela UnB e em Gestão e Produção Cultural pela UEA. Licenciado em História e em Geografia. É membro

efetivo do Instituto Geográfico e Histórico do Amazonas IGHA. Integrante do Núcleo de Estudos de História Social da Cidade – NEHSC – da PUC-SP.
Orcid: 0000-0001-7000-2456

Fernando Torres Londoño

Possui graduação em Filosofia e Letras pela Pontifícia Universidad Católica Javeriana (1980) e doutorado em História Social pela Universidade de São Paulo (1992). Atualmente, é titular no Departamento de História da Pontifícia Universidade Católica de São Paulo, participando também no Programa de Pós-graduação em Ciências da Religião da mesma universidade. É pesquisador em História da América Latina com ênfase no período colonial, privilegiando as seguintes temáticas: religião, igreja, religiosidade popular, missões, ordens religiosas, povos indígenas e História da Amazônia.
Orcid: 0000-0001-9903-6297

Maria Antonieta Antonacci

Mestre e doutora em História Econômica pela USP, com pós-doutorado em Antropologia Social pela EHESS. Professora Associada da Faculdade de Ciências Sociais, da Pontifícia Universidade Católica de São Paulo (PUC/SP). Suas áreas de interesse estão articuladas a povos e culturas negras no Brasil, priorizando culturas sob "lógica oral", com discussões voltadas a universos de África no século XX. Foi professora visitante com bolsa Capes na Universidade de Marabá, quando começou a estudar questões ligadas ao universo da Amazônia e de povos nativos dessa região. Com publicações em diferentes periódicos, destaca duas edições de "Memórias Ancoradas em Corpos Negros", pela Educ.
Orcid: 0000-0001-5691-5515

Maria Izilda Santos de Matos

Doutora em História (USP) e em Livre-Docência (PUC-SP). Professora titular da PUC-SP e pesquisadora 1a CNPq. Professora Convidada Universidade Ca'foscara/Veneza/Italia.
Orcid: 0000-0002-4109-3747

Nirlene Nepomuceno

Doutora e mestra em História Social pela PUC-SP, com pós-doutoramento em Museologia Social (UFBA). Tem como áreas de interesse vivências negras no pós-abolição, celebrações e práticas culturais afro-latino-americanas e ações de implementação da Lei 10.639/2003. Graduada em Jornalismo e com especialização em História da África (CEAA/Ucam), atuou como Fulbright Visiting Reseacher no Centro de Estudos Africanos e Afro-Americano da Universidade de Boston (mar. 2008-maio 2009) e como professora visitante na UFABC (2018-2020). Coordena o Curso de Especialização em História e Cultura da África: Educação e Relações Internacionais (UNIFAI). É autora de artigos e capítulos de livros.

Orcid: 0009-0002-1742-4590

Paulo dos Santos

Doutor em História pela Pontifícia Universidade Católica de São Paulo (2021), possui graduação em História pelas Faculdades de Filosofia, Ciências e Letras de Guarulhos (1999), graduação em Filosofia pela Universidade Federal de São Paulo (2013). Atualmente, é professor de ensino médio – Colégio Cidade Jardim Cumbica, com experiência na área de Educação, atuando nos seguintes temas: História, Educação, Filosofia, Raul Seixas e Formação de Professores.

Orcid: 0009-0007-9207-6094

Sharley José da Cunha

Mestre em História Social pela Pontifícia Universidade Católica de São Paulo. Desde 2016, atua como pesquisador junior junto ao projeto "Conflito e guerra nas relações entre os povos do alto Ucayali e os agentes coloniais na segunda metade do século XVIII", que conta com o apoio do ppq2 CNPq, a cargo do professor Fernando Torres-Londono. Dentro desse projeto, desenvolveu, com o apoio de bolsa do CNPq, o projeto de iniciação cien-tífica "Ilustração criolla e representação dos rios amazônicos: o Mercurio Peruano (1791-1795)", que premiado como melhor trabalho de Iniciação à Pesquisa na área de História no ano de 2017, na jornada anual de trabalhos de Iniciação Científica da Pontifícia Universidade Católica de São Paulo, e prêmio de Iniciação Cientifica na ANPUH-SP 2018. Ao terminar sua iniciação científica em julho de 2017, passou a trabalhar como pesquisador assistente no projeto Mercurio Peruano e o rio Ucayali 2017-2019, que forma parte do projeto do professor Fernando Torres Londono.

Orcid: 0000-0003-4290-0069

Walter Mesquita Barroso

Jornalista e historiador. Atualmente, é doutorando na Pontifícia Universidade Católica de São Paulo (PUC/SP), cuja pesquisa se intitula "A Violência no altar: Os padres e seus crimes no Bispado de São Paulo: 1745-1800". É mestre e graduado em História pela mesma instituição. Tem especialização em Política e Relações Internacionais pela Fundação Escola de Sociologia e Política de São Paulo.

Orcid: 0000-0003-2551-3198

Yvone Dias Avelino

Professora Titular no Departamento de História da Pontifícia Universidade Católica de São Paulo. Doutora em História Econômica e mestra em História Social, ambos títulos obtidos na Universidade de São Paulo – USP. Coordena o Núcleo de Estudos de História Social da Cidade – NEHSC – da PUC-SP.

Orcid: 0000-0001-6786-0572